리눅스 시스템 프로그래밍

김정국 지음

Linux

System Programming

HU:iNE

머리말

오늘날 리눅스 운영체제는 클라우드, 서버, 데스크탑, 임베디드 시스템 및 모바일 기기 등에서 광범위하게 사용되고 있다. 본 교재는 컴퓨터공학 관련 학과에서 "운영체제"를 이수하기 위한 선수 과목인 "시스템 프로그래밍"의 교재로서 리눅스 운영체제 API의 활용을 주로 다루며, 그 외에 운영체제의 개념을 포함한 다음 내용을 다룬다.

- 리눅스 운영체제의 역사와 간략한 특징 소개
- 병행 프로세스/스레드의 개념 및 커널과의 관계
- 시스템 호출과 인터럽트 및 context switching의 관계
- 프로세스 스케줄링
- 주요 시스템 호출과 디스크 및 타이머 인터럽트 핸들러의 내부 소개
- 프로세스 기반 병행 프로그래밍 및 관련 리눅스 API의 활용
- 리눅스 파일 시스템과 관련 API의 활용
- 메모리 관리 및 관련 API의 활용
- 프로세스 간 통신과 관련 API의 활용
- 임계구역과 상호배제 및 세마포어
- 데드락과 처리
- 시간 관리와 관련 API의 활용
- 소켓 기반 네트워크 프로그래밍
- Pthread를 활용한 병행 스레드 프로그래밍

위와 같은 내용이 심도 있는 리눅스 커널의 이해 및 활용의 기초 도서로 참고 되기를 바란다.

2014년 2월

저자 김 정 국

목차

제1장

Linux Overview

1.1 Linux 운영체제의 역사

오픈 소스 기반의 운영체제로서 여러 분야에서 각광 받기 시작한 리눅스는 GNU의 GPL(General Public License) 기반의 무료 소프트웨어 개념을 지원하는 운영체제이다. 여러 리눅스 공동체의 활성화와 특히 FSF(Free Software Foundation)의 GNU 프로젝트 및 각 산업체 컨소시움 또는 국가에서 지원하는 수많은 공개 소프트웨어 프로젝트들을 통해 많은 무료 소프트웨어의 지원과 다양한 하드웨어 지원의 특징을 가지고 있는 리눅스는 서버 및 임베디드 시스템 분야에서의 약진을 발판으로 데스크톱 영역에의 진출까지 도모하고 있다. 리눅스는 오픈 소스의 특징에 의한 소프트웨어 및 지원 하드웨어의 다양성, 심도 있는 교육에의 장점 이외에 강력한 보안성에도 잠재력을 가지고 있다. 오늘날 리눅스는 소형 임베디드 시스템에서부터 데스크톱 및 대형 서버에 이르기까지 널리 사용되고 있으며, 여러 공동체와 관련 산업체의 노력으로 지속적인 버전 업그레이드가 이루어지고 있다.

리눅스 운영체제가 나오기까지의 배경과 발전 과정은 다음과 같다.

- 1971년, 첫 번째 Unix 서버 운영체제가 벨 연구소에서 발표됨
- 1985년, Richard Stallman이 'GNU Manifesto'를 발표, 오픈 소스 혁명

- 1987년, Andrew S. Tanenbaum이 Unix의 일종인 오픈 소스 운영체제 Minix를 개발,
- 1991년, Linus Torvalds에 의해 인텔 PC 계열을 UNIX 계열 운영체제인 Linux 탄생
- Linux first version : 1991. 10(Linus Torvalds)
- POSIX 1003.1 standard compliance
- System V 및 BSD 4.3 운영체제 대부분의 기능 추가
- GNU GPL 정책 도입
- 대부분의 CPU chips와 devices 지원
- 리눅스 ver. 2.0 대부터 SMP(Symmetric Multi-Processor) 구조의 다중 CPU 시스템 지원
- Linux 2.4.x 버전 계열이 2001년 출시되어 광범위하게 사용됨
- Linux 2.6.x, 3.0.x 버전 계열이 실시간 시스템을 위한 선점형(preemptible) kernel로 개발 2004년부터 출시되었음.

반면 여러 공동체 및 공개 프로젝트에서의 리눅스 커널 및 관련 소프트웨어 개발의 다양성에 따른 호환성의 문제 때문에 여러 관련 표준도 제정되었다. 리눅스 관련 대표적 표준이나 규격은 다음과 같다.

- LSB(Linux Standard Base) 1.2 표준은 리눅스 커널 API 표준을 제공한다. (http://www.linuxbase.org/spec/)
- ELCPS(Embedded Linux Consortium Platform Specification) v1.0은 임베디드 리눅스 구현자와 응용 개발자를 위한 3가지 크기의 플랫폼에 대한 표준을 제공한다.
- CELF(Consumer Electronics Linux Forum)는 50여 개 이상의 가전/컴퓨터 기업들이 결성한 CE 장치용 임베디드 리눅스의 여러 권장 규격을 제정하고 있다.
- LIMO(Linux Mobole)는 모바일 기기용 리눅스 개발을 위한 컨소시움

그 이외에도 IEEE POSIX 1003.1-2001 표준 및 Single UNIX Specification v3의 대부분 명세에 대한 호환성을 제공한다.

1.2 리눅스 운영체제의 특징

오늘날, 리눅스 운영체제는 데스크톱 및 서버용과 정보 가전이나 제어기기, 통신기기 등의 임베디드 시스템을 위한 임베디드 리눅스 운영체제 등, 여러 가지가 제공되고 있거나 개발 되고 있다. 이 중, 다중 사용자를 위한 범용 운영체제로서의 리눅스 운영체제의 주요 특징은 다음과 같다.

1) 다중 사용자 시스템

서버 및 데스크톱 환경에서 다중 사용자의 다중 응용 프로그램의 수행 환경을 제공한다. 사용자들의 응용은 보호(protection) 모드가 동작하는 사용자 모드에서 실행되어 커널과 사용자 프로그램 상호 간의 침범에 의한 오동작이 방지된다. 다중 사용자는 로그인의 과정을 거쳐 시스템에 접근할 수 있으며, 일반 사용자의 응용 프로그램의 수행에 대한 권한은 보호 시스템에 의해 제한된다.

2) 프로세스 및 스레드 기반의 다중 태스킹(multi-tasking)

프로세스(process)와 스레드(thread) 수준의 선점형 다중 태스킹(multi-tasking)을 제공한다. 프로세스는 fork 시스템 호출로 생성되는 전통적 유닉스의 중량급 프로세스(heavy weight process)이고 스레드는 텍스트 및 자료 영역을 공유하는 경량급 프로세스(light weight process)로서 시스템의 측면 및 응용 프로그램의 측면에서 다중 프로세스 또는 다중 스레드 프로그램이 가능하다. 스레드 프로그래밍을 위해서는 LSB 표준의 Pthread(POSIX Thread와 거의 동일) 실행을 위한 Pthread 라이브러리가 주로 사용된다.

3) 선점 및 비 선점 스케줄링

실행되는 일반 다중 프로세스나 스레드들에 대해서는 CPU 독점 방지와 형평성을 위해 선점(preemptive) 스케줄링 SCHED_OTHERS가 제공된다. 실시간 프로세스 및 스레드를 위해서는 선점 스케줄링인 SCHED_RR와 비선점 스케줄링인 SCHED_

FIFO 정책들이 제공된다. 즉, SCHED_OTHRES와 SCHED_RR은 타임 슬라이스(time slice)가 적용되는 시분할 스케줄링이다. SCHED_OTHERS가 적용되는 일반 태스크에는 시스템의 효율적 운용을 위해 동적 우선순위가 적용되고 실시간 태스크에는 고정 우선순위 기법이 적용된다. 또한, Linux 2.6대의 버전 이후부터는 실시간 스케줄링의 정확도 향상을 위한 커널 선점(preemptive kernel) 방식이 제공되고 있다.

4) 다중 CPU 환경의 제공(SMP와 NUMA)

다중 프로세스나 스레드 환경의 효율성을 높이기 위해 대칭형 다중 처리(SMP: Symmetric Multi Processor) 형태와, NUMA(Non-uniform Memory Access) 형태의 다중 CPU 시스템을 지원한다. 또한, CPU 1개당 2개 CPU의 효과를 발휘하는 hyper-threading도 지원한다.

5) 하드웨어에 대한 높은 이식성

리눅스 커널의 코드 중, 하드웨어에 종속적인 부분이 매우 작고, 이러한 부분들도 하드웨어에 독립적인 부분과 잘 분리되어 있어 이종 하드웨어에의 이식이 쉽다. 또한, 넓은 개발 층을 바탕으로 다양한 하드웨어(CPU 및 구동 장치들)를 지원한다.

6) 가상 메모리(Virtual Memory) 시스템 지원

실제의 물리적 메모리 공간보다 매우 큰 프로그램을 실행시킬 수 있는 가상 메모리 환경을 제공한다. demand paging, page-caching, swap-caching, copy-on-write, pre-loading(OMAGIC) 등의 가상 메모리 관리 기법을 사용하여 효율적인 메모리 환경을 제공한다.

7) 가상 파일 시스템

한 시스템에서 여러 가지 운영체제의 파일 시스템을 사용할 수 있는 가상 파일 시스템을 제공한다.(Ext2, 상용 유닉스 파일 시스템, VFAT, FAT, ISO, NFS, 등) 이러한 파일 시스템에는 보호 시스템이 적용되어 파일의 접근 권한, 실행 권한 등이 통제된다. 또한, 파일을 메모리로 사상하여 편리하게 사용할 수 있는 메모리 사상 파일 시스템도 제공된다. 리눅스의 파일 시스템은 자기 디스크뿐만 아니라, 다양한 저장 매체(RAM, Flash 메모리)에 대해서도 같은 인터페이스의 파일 시스템을 제공한다.

8) Dynamic cache

buffer cache, page cache 등의 소프트웨어적 캐시 기법을 사용하여 파일 입출력, 가상 메모리의 요구 페이징(demand paging)이나 스와핑(swapping)에서 발생하는 디스크 입출력을 최소화 한다.

9) Shared libraries(ELF)

메모리 활용을 극대화 하기 위해 여러 프로세스가 사용하는 같은 라이브러리 함수들을 메모리에 한 카피(copy)만 적재하고 공유할 수 있는 공유 라이브러리 기능을 제공한다.

10) 네트워킹

TCP/IP, UDP/IP, SLIP, PPP 등 다양한 통신 프로토콜과 다양한 통신 장치를 위한 하위 드라이버(gigabit ether, ATM, FDDI 등) 들을 제공한다. 또한, 웹 서버, ftp 서버, NFS 서버, 프린터 서버, 팩스 서버, 디렉토리 서버, 뉴스 서버 등, 네트워크 환경에서 다양한 서비스를 제공한다. 또한, VPN(Virtual Private Network) 장치, 라우터(router) 등의 통신 장치로 사용하기 위한 기본 기능들을 제공한다.

11) 기반 언어 GNU C

리눅스 자체는 GNU C를 기반으로 작성되어 있다. 사용자는 기본적으로 GNU C 컴파일러와 C++ 컴파일러인 gcc, g++ 등을 사용할 수 있다. 그 외에도 대부분의 프로그래밍 언어에 대한 컴파일러가 제공되거나 관련 사이트에서 확보가 가능하다.

12) Part of POSIX 1003.1-2001, BSD, SysV

국제적 표준인 POSIX 1003.1-2001 및 BSD, SysV 표준에 정의된 대부분의 기능을 제공한다.

13) 다양한 실행 파일 포맷을 제공한다.

ELF, a.out 포맷 등 다양한 형태의 실행 파일 포맷을 제공한다.

14) 국제적 키보드와 폰트를 제공한다.

국제적 키보드와 폰트를 제공하여 한글 사용에도 문제가 없다. 다만 한글의 경우 다양한 무료 폰트(font)를 지원하지 못하고 있으나 이러한 문제는 조만간 해결될 것으로 전망된다.

15) 풍부한 응용 프로그램

오늘날, 리눅스는 많은 공개 프로젝트와 공동체의 기여로 서버에서 데스크 탑 및 임베디드 환경에 이르기 까지 풍부한 응용 프로그램을 갖추게 되었다. 아파치 웹 서버와 관련 프로그램, Java 관련 패키지 및 프레임워크 들, GUI 데스크톱 환경 및 오피스 환경을 위한 프로그램 들, 공개 소스의 데이터베이스 및 디렉토리 서비스, 멀티미디어 관련 프로그램 들 등, 수많은 시스템 및 응용 프로그램들이 활용 가능한 상태이다. 단 오피스 도구나 멀티미디어 등과 관련해서 아직 마이크로소프트 관련 응용 프로그램들의 실질적 표준화로 활용이 부진한 부분이 있는 것도 사실이다.

16) 다양한 배포판

리눅스 공동체의 코어 커널을 기반으로 사용자들이 쉽게 사용할 수 있는 기능들을 추가한 다양한 배포판이 제공된다. 레드햇(RedHat), 수세(SuSe), 데비안(Debian), 슬랙웨어(Slackware), 우분투(Ubuntu) 등의 배포판이 있다.

17) 오픈 소스 소프트웨어

리눅스 운영체제 및 이와 관련된 대부분의 소프트웨어는 오픈 소스 소프트웨어(Open Source Software, OSS)이다. 오픈 소스 소프트웨어는 라이선스 요금이 무료이면서 소스 코드를 공개한 소프트웨어로서 누구나 자유롭게 사용, 활용, 개선하고 배포할 수 있는 소프트웨어로 일반적으로 정의된다.

제2장

리눅스 활용을 위한 기본 지식

본 교재의 목적은 리눅스 운영체제에서 제공되는 기본적 커널 API(Application Programmer's Interface)를 활용하는 기법을 학습하는 것이다. 이러한 내용을 학습하기 이전에 독자들이 숙지하여야 할 리눅스의 기본적 활용 방법에 대해 알아본다. 즉, C나 C++ 프로그램을 컴파일하고 실행하는 방법과 리눅스와 대화하기 위한 쉘(shell)의 요약된 사용 방법, 리눅스의 부팅 방법 등에 대해 간략히 알아본다.

2.1 리눅스의 사용자 계정

리눅스는 전술한 바와 같이 다중 사용자를 위한 운영체제이다. 여러 사용자가 사용하는 시스템은 비적절한 접근으로부터 시스템을 보호하여야 한다. 따라서 사용자는 사용자 식별자(username 또는 id)와 접속 키(password) 입력에 의한 접근 허가를 받아야 한다. 이러한 과정을 로그인(login) 절차라 한다. 사용자의 이름과 접속키는 /etc/passwd 파일에 수록된다. 접속 키의 경우는 물론 암호화 되어 저장된다. 접속한 사용자의 id는 사용자가 실행시키는 여러 프로그램(프로세스)들에 대해 시스템의 자원 사용 때의 권한을 결정하는 요소가 된다. 일반 사용자 이외에 시스템의 관리를 위해 시스템 자원에 모두 접근할 수 있는 특수 사용자(super user)가 있는데 이는 root라는 지정된 이름으로 로그인하게 된다.

사용자들은 어떤 자원에 대해 같은 권한을(파일 공유 등)갖게 하려고 그룹에 소속될 수 있다. 따라서 사용자는 로그인 후 그룹 식별자(id)도 갖게 되는데 사용자의 그룹 id는 /etc/group에 지정된다.

사용자의 식별자나 그룹 식별자로 보호 시스템에 의해 주어지는 접근 권한의 대표적인 예는 파일에 대한 접근 권한을 들 수 있는데 이는 파일 시스템에서 설명한다.

2.2 리눅스의 부팅 과정

일반적으로 운영체제는 항상 메모리에 상주하는 핵심 부분인 커널과 필요 시에만 메모리로 로딩되는 여러 가지 형태의 모듈, 커널 프로세스 및 기본적 응용 서비스 프로그램들로 구성된다. 부팅은 운영체제의 핵심인 커널을 메모리로 로딩하는 과정을 말한다.

하드웨어 시스템의 종류에 따라 부팅 방법은 여러 가지이다. 그중에서 가장 많이 사용되는 x86 계열 CPU의 예를 들면 그 부팅(booting) 과정은 다음과 같다. 시스템의 전원이 켜지면 ROM에 저장된 BIOS(Basic Input/Output Service) 프로그램이 실행되어 시스템의 메모리나 입출력 장치 등에 대한 기본적인 테스트와 초기화가 이루어진다. 그 이후 BIOS는 지정된 부팅 매체(하드 디스크, CD, 또는 플래시 메모리 등)의 정해진 장소(MASTER 부트 레코드로 디스크의 경우 첫 번째 트랙/섹터)에서 커널을 메모리로 적재하는 일을 하는 부스트랩(bootstrap) 로더(또는 부트 로더) 프로그램을 메모리로 읽어 들인다. 이러한 부트 로더는 대표적인 것들로 LILO(Linux Loader), GRUB(GNU GRand Unified Bootloader), RedBoot 등 여러 가지가 있다. 부트 로더가 실행되면 사용자와의 대화를 통해 원하는 커널을 적재할 수 있으나 일반적으로는 /boot 디렉토리의 vmlinuz 커널 이미지 파일이 로드된다. vmlinuz는 리눅스 커널의 압축 이미지이다. 사용자가 새로 구성한 커널이 있을 때는 대화식으로 그 파일 이름을 주게 된다. 커널 이미지가 메모리로 적재되면 다음과 같은 초기화 과정을 거쳐 시스템을 실행 상태로 만든다.

① 커널 기본 자료 구조, 클럭, 입출력 장치 등을 초기화 한다.
② 가상 메모리 시스템(페이지 매핑)을 초기화 한다.
③ 최초의 커널 프로세스로서 가상 메모리 관리를 위한 스와퍼(swapper) 프로세스를 생성한다.
④ 프로세스 식별자가 1이며 최초의 사용자 프로세스인 init 프로세스가 생성 실행된다. init 프로세스는 이후의 모든 사용자 프로세스의 선조가 되는 프로세스로, 프로세스를 생성하고 동작을 감시하기 때문에 절대로 끝나지 않는다.

2.3 GNU gcc 컴파일러

GCC는 GNU의 C, C++, Objective-C, FORTRAN, Java, Ada 언어를 위한 컴파일러들과 각 언어를 위한 libstdc++, libgcc 등의 라이브러리 모음으로 역시 오픈 소스 소프트웨어이다. GCC는 C와 C++에 대해 ANSI C 표준(X3.159-1989), C99 표준(ISO/IEC 98990:1999) 등을 선택사항으로 제공하고 그 이외에도 여러 형태의 확장된 기능을 제공한다. 또한, GCC는 사용하는 CPU를 위한 코드뿐만 아니라 다른 타켓 CPU를 위한 코드 생성 즉, 크로스 컴파일(cross compile) 기능도 제공하여, 여러 환경에서의 개발에 필수적으로 사용되는 대표적인 유닉스와 리눅스에서의 개발 도구라 할 수 있다. GCC의 실행 단계는 매크로 등을 처리하는 전처리(preprocessing), 문법 체크와 중간 코드를 생성하는 front-end 처리, 타겟 CPU를 위한 기계어 코드를 생성하는 back-end 처리, 여러 개의 오브젝트 프로그램을 하나의 실행 파일로 결합 생성하는 링킹(linking) 단계 등으로 나누어 진행된다. GCC는 또한, 언어의 표준에 관한 선택, 코드 생성의 최적화에 관한 선택, 디버깅을 위한 코드 생성에의 선택 등 다양한 선택 사항을 컴파일 단계에서 제공하여 개발자의 편의를 제공한다. 일반적으로 C 프로그램(확장자: .c) 을 위해서는 gcc, C++ 프로그램(확장자: .C, .cc, .cpp, .c++, .cp, .cxx)을 위해서는 g++를 명령어로 입력한다.

1) 소스 파일의 컴파일

현 디렉토리에 있는 어떤 프로그램 myprog.c를 컴파일하여 실행 파일을 생성하려면 다음의 쉘 명령을 수행시킨다.

```
$ gcc myprog.c
```

이 명령어가 성공적으로 수행되면 현 디렉토리에 "a.out"이라는 이름의 실행 파일이 생성된다. 이러한 a.out을 실행하려면 다음의 쉘 명령을 입력한다.

```
$ ./a.out
```

이러한 gcc나 g++는 수많은 종류의 컴파일 선택사항을 제공하는데 이에 대한 상세한 사항은(http://gcc.gnu.org)를 참조하기 바라며, 본 교재에서는 중요한 몇 가지의 선택 사항에 대해서만 설명한다.

2) 출력 제어 옵션

gcc의 실행 결과로 생성되는 출력에 대한 제어 옵션들로 구성된다.

-c

입력 파일을 컴파일이나 어셈블(assemble)만 하여 확장자 .o의 파일로 생성한다. 파일들에 대한 링크를 수행하지 않아 실행 파일은 생성되지 않는다.

-S

기계어 코드 생성 이전의 어셈블리어 파일 생성단계까지 수행한다. 확장자를 .s로 하는 어셈블리어 파일이 생성된다.

-o file

a.out 대신에 주어진 이름의 실행 파일을 생성한다.

-v

컴파일의 각 단계에서 실행되는 명령들과 gcc의 버전 번호를 출력한다.

3) 디버깅 옵션

-g

운영체제에 정해진 형태의 실행 프로그램 디버깅 정보를 생성하여 프로그램 실행 단계에서 GDB 디버거가 동작할 수 있도록 한다.

4) 최적화 관련 옵션

-O (또는 -O1)

컴파일 시간이 그리 많이 걸리지 않는 정도에서 프로그램의 실행 시간과 공간을 줄이기 위한 최적화 컴파일을 수행한다. 이러한 최적화는 디버깅 단계에서는 구지 사용할 필요가 없고 프로그램의 테스팅이 종료된 뒤에 사용하는 것이 좋다.

-O2와 -O3

O 뒤의 숫자가 클수록 최적화를 위해 많은 요소를 반영한다.

-Os

프로그램의 크기를 최적화 한다.

5) 전처리 옵션

-D name

name 매크로의 값을 1로 정의한다.

-D *name=definition*

name 매크로의 값을 *definition*으로 정의한다.

-i *dirname*

헤더 파일을 찾는 시스템의 정해진 디렉토리에 *dirname*을 추가 한다.

6) 링킹 옵션

-l*library*

실행 파일 링킹 시에 지정된 라이브러리(liblibarary.a 또는 liblibarary.so)에서 필요 함수들을 찾아 링킹한다. 지정된 라이브러리는 /usr/lib과 같은 시스템 라이브러리 및 사용자에 의해 지정된 디렉토리에서 차례대로 찾는다. 예를 들어 sin 같은 함수를 사용할 경우에는 수학 함수 라이브러리인 libm.a에서 해당 함수를 가져오기 위해 다음과 같이 셸 명령을 사용한다.

```
$ gcc myprog.c -lm
```

-L*dirname*

라이브러리를 검색하는 디렉토리 목록에 *dirname*을 추가한다.

-s

실행 파일에서 모든 심볼 테이블 정보와 재배치(relocation) 정보를 제거한다.

2.4 쉘

시스템에 로그인하게 되면 제일 처음 접하게 되는 것이 쉘이다. 쉘은 입력하는 모든 명령을 해석하고 실행한다. 현재 시스템에서 사용할 수 있는 쉘은 /etc/shells에 등록되어 있다. 특정 쉘을 사용하고 싶다면 쉘의 설치 후 /etc/shells에 등록 해주어야 한다. 사용자 각자의 쉘은 /etc/passwd 파일의 username 필드 뒤쪽에 등록되어 있다.

1) 리눅스에서 사용 가능한 쉘의 종류

Bash

Bourne Again 쉘. 리눅스에서 가장 많이 사용하고 있다. POSIX 호환이며 GNU 프로젝트에 의해 만들어지고 배포되고 있다.

csh

C 쉘. 버클리에서 개발되었다.

ksh

콘(Korn) 쉘. 유닉스에서 가장 많이 사용하고 있는 쉘이다. csh로부터 많은 기능을 도입했다.

sh

본(Bourne) 쉘. 오리지널 쉘.

tcsh

확장 C쉘.

Zsh

Z쉘. 가장 최근에 나온 쉘이다.

2) 현재 사용중인 쉘의 확인

```
$ echo $SHELL
```

대부분 리눅스에서는 Bourne Again 쉘인 bash를 사용하고 있을 것이다. BSD나 다른 계열의 리눅스를 사용하고 있다면 bash가 아닐 수도 있다.

3) 쉘 바꾸기

```
$ chsh
Changing shell for userID.
Password:
New shell [/bin/csh]: /bin/bash
Shell changed.
$
```

2.5 환경 설정

X 윈도우를 설정하는 과정은 크게 두 가지로 나누어진다. 하나는 하드웨어 설정하는 부분이고 다른 하나는 일반적은 환경 설정이다.

1) 하드웨어 설정

최근 X 윈도우 설정을 위한 하드웨어 설치는 상당히 간단해졌다. 리눅스가 지원하는 하드웨어 검색 프로그램으로 쉽게 설치할 수 있게 되어 있기 때문이다. 그러나 검색 프로그램에서 찾지 못한 하드웨어는 하나하나 설정해 주어야 하는데 그래픽 카드와 모니터가 그 예가 될 수도 있다.

$ Xconfigurator를 통하여 X 윈도우에 대해 설정을 할 수 있다.

2) 환경 설정

배포판에 따라서 윈도우 매니저가 다르지만, 일반적으로 많이 사용되고 있는 것은 Gnome이나 KDE일 것이다. 로그인 창에서 윈도우 매니저를 설정하고 로그인할 수 있으며 로그인 후 윈도우 매니저의 세부 항목도 개인 취향에 맞도록 수정할 수 있다.

2.6 계층 구조적 파일 시스템

/bin

일반적인 리눅스 명령어 수행을 위한 실행 파일이 이 디렉토리에 있으며, login, shell 등의 파일도 여기에 있다.

/boot

LILO나 GRUB 같은 부트 로더가 부팅 시 이 디렉토리에 있는 커널 이미지를 사용한다. 커널 이미지 및 System.map과 같은 파일이 위치한다.

/dev

이름 그대로 디바이스(장치) 노드가 위치한다. 이 디렉토리의 파일은 메이저와 마이너 넘버로 각 장치를 구분하며, mknod 명령으로 노드를 만들 수 있다. 리눅스는 입출력 장치를 일반적인 파일과 같이 취급할 수 있도록 이 디렉토리를 통해 Devfs(디바이스 파일 시스템)을 제공한다. Devfs에 대한 상세한 사항은 커널 소스 내의 Documentation/filesystems/devfs을 참고하기 바란다.

/etc

여러 설정파일들이 위치하며 sysinit 스크립트 및 마운트(mount)할 디스크 파티션 및 파일 시스템을 포함하고 있는 fstab 등이 위치하는 필수적인 디렉토리이다.

/lib

시스템에 있어서 가장 중요한 glibc(C 라이브러리)를 포함하여 모든 라이브러리 파일이 위치하는 곳이다. 어떠한 리눅스 명령어도 glibc가 없다면 실행될 수 없다.(static으로 컴파일된 것 제외.)

/proc

/proc은 가상 파일 시스템으로 /proc 내의 파일은 커널이 만들어 준다. 이 디렉토리는 CPU, 프로세스, 메모리, 디바이스, 인터럽트 등과 관련된 여러 가지 유용한 정보를 파일 형태로 가지고 있다. /proc에 관한 자세한 내용은 커널 소스 내 Documentation/filesystems/proc.txt를 참고하기 바란다.

/sbin

/bin 디렉토리와 마찬가지로 리눅스 명령어가 위치하지만, 이 디렉토리에 위치한 명령어는 시스템 관리와 관련된 것들이다. 따라서 일반 사용자의 실행 PATH 경로에는 기본적으로 포함되지 않는다. init, reboot 등의 명령어들이 여기에 위치한다.

/tmp

이 디렉토리는 각종 작업에서 사용되는 임시 파일들을 위한 디렉토리이다.

/usr

사용자를 위한 공간으로 일반적으로 새로운 프로그램 설치 시에 사용하는 공간이다.

/var

시스템과 관련된 로그나 파일, 메일이나 lock 파일 등이 위치하는 곳이다.

참고문헌

1] D. Hellums, Ret Hat Linux, QUE, 2000.
2] http://www.linux.org
3] http://gcc.gnu.org
4] http://lxr.linux.no.source

제3장

프로세스(Process)와 스레드(Thread)

프로세스란 일반적으로 현재 실행 중인 프로그램을 말하며 태스크(task)라는 일반적인 용어도 사용된다. 실행 중인 프로그램의 의미를 가지는 프로세스는 실행되는 동안 커널이 가진 자원(CPU, Memory, Devices, Files)을 독자적으로 차지해야 할 경우가 많다. 따라서 프로세스는 항상 커널의 자원을 차지하기 위해 경쟁하고 커널은 이들에게 효율적으로 자원을 스케줄링하여 할당하고 회수하는 역할을 한다. 프로세스는 커널이 가진 여러 가지 자원의 할당 및 사용을 위해 커널 함수를 호출하여야 하는데, 이러한 커널 함수들을 일반적으로 시스템 호출(system call)이라 한다. 따라서 동작 중인 컴퓨터 시스템은 커널과 프로세스 간의 관계에 의해 모든 것이 결정되는 것이라 볼 수 있다.

커널의 자원을 차지하여 실행하고 경쟁하는 스케줄링의 단위는 그 구현 방식에 따라 주소 공간을 개별적으로 가지는 유닉스의 전통적인 프로세스와 그 이후에 등장한 경량급 프로세스로서 주소 공간을 대부분 공유하는 스레드(thread)로 구분되고, 프로세스는 다른 프로세스나 자신 내부에서 여러 스레드를 생성할 수 있다. 생성 및 실행 형태는 다르지만, 프로세스나 스레드는 리눅스 커널 내부에서 모두 자원을 차지하기 위해 서로 경쟁하는 태스크들로 관리된다. 프로세스에는 커널이 시스템의 관리를 위해 생성한 시스템 프로세스와 사용자가 생성한 사용자 프로세스가 있으며 일반적으로 시스템 프로세스는 중요한 커널의 내부적 일을 담당하므로 스케줄링의 우선순위가 높은 것이 보통이다.

사용자가 리눅스 시스템에 로그인하면 운영체제와 사용자의 대화를 위해 쉘 프로그램이 실행되는데, 쉘 또한, 하나의 응용 프로세스이며, 쉘을 통한 명령이나 사용자 프로그램의 실행 또한, 모두 프로세스의 형태로 실행된다.

프로세스와 스레드의 차이점은 스레드에 관한 장에서 상세히 설명하기로 하고, 스레드 설명 이전까지는 통합된 개념으로서 프로세스라는 용어를 사용하기로 한다.

프로세스는 생성에서 종료까지 커널의 관리를 받아야 하며, 자원 할당 및 대기, 입출력의 실행 여부에 따라 여러 가지 상태 변화를 하게 된다.

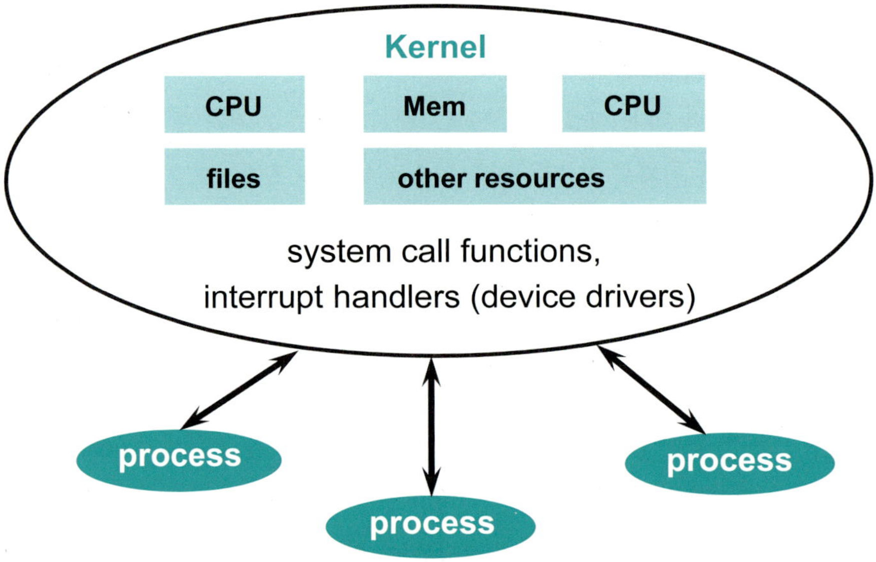

그림 3-1. 커널과 프로세스

3.1 프로세스의 상태

운영체제에 따라 상세한 프로세스의 상태 구분은 약간 씩 달라질 수 있지만, 개념적으로 프로세스의 상태는 다음과 같이 분류된다.

- 실행 상태(Running) : 프로세스에 CPU가 할당되어 실행 중인 상태이다.
- 준비 상태(Ready) : 커널에 의해 스케줄링 되어 CPU가 할당되면 실행될 수 있는 상태이다. 즉, CPU의 할당을 기다리는 상태이다.
- 대기 상태(Blocked) : 프로세스가 CPU 이외의 장치를 사용하는 입출력이나 메시지 수신 등을 커널에 요구하면 이의 종료 시까지 프로세스는 CPU가 필요 없는 정지된 상태가 되는데 이를 대기 상태라 한다. 대기 상태 동안 해당 장치는 이 프로세스를 위해 동작하며, 동작 완료에 의한 입출력의 종료 또는 메시지의 수신 등이 발생하면, 해당 프로세스는 준비 상태로 전이하게 된다. 커널은 한 프로세스의 대기 상태 동안 CPU를 다른 프로세스에 할당하여 CPU와 입출력 장치가 동시에 동작하도록 하여 자원의 효율성을 높이게 된다.

3.1.1 프로세스의 상태 전이

프로세스는 생성되면 일단 준비 상태에 속한다. 일반적인 단일 CPU의 경우 실행 상태의 프로세스는 하나뿐이므로 CPU를 기다리는 준비 상태의 프로세스들은 스케줄링 큐를 형성하게 되고, 이들 중 스케줄러에 의해 선택되는 프로세스가 실행 상태가 된다.

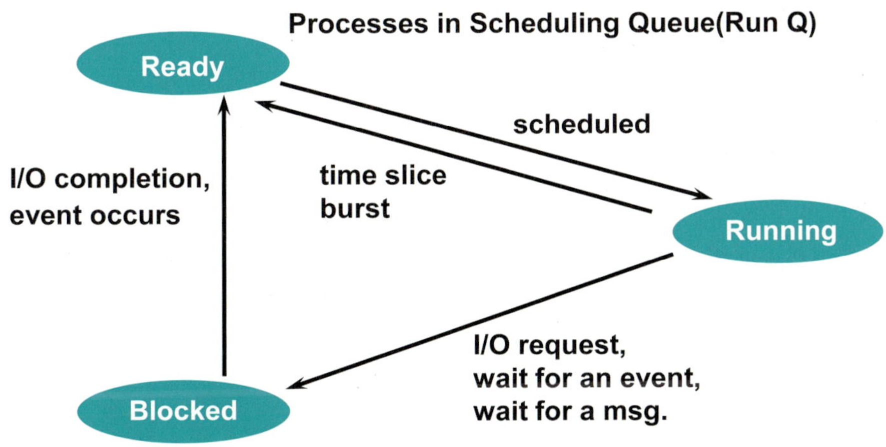

그림 3-2. 프로세스의 상태 전이

실행 상태의 프로세스가 요청한 입출력의 완료나 어떤 사건을 기다리게 되는 경우, 해당 사건이 발생할 때까지 그 프로세스에는 CPU를 주어도 소용이 없다. 이러한 상태를 대기 상태라 하며, 원하는 사건이 발생하면 해당 프로세스는 다시 준비 상태가 된다. 커널은 CPU를 차지하여 실행 중인 프로세스의 CPU 독점을 방지하기 위해 일반적으로 타임 슬라이스(time slice)에 의한 시분할 시스템의 개념을 도입하는 것이 보통이다. 타임 슬라이스란 프로세스의 CPU 독점 방지를 위해 매 CPU 차지 시마다 CPU 사용의 한계 구간으로 주어지는 것으로, 커널은 타임 슬라이스를 다 사용한 프로세스에서 일단 CPU를 회수하고 다른 프로세스의 CPU 사용이 차례로 이루어 진 후에 다시 CPU를 할당한다. <그림 3-2>는 이와 같은 프로세스의 일반적인 상태 전이를 보여 주고있다.

3.1.2 리눅스 프로세스의 상태

본 절에서는 리눅스 커널에서의 좀더 상세한 프로세스 상태 분류에 대해 설명한다.

1) 리눅스 프로세스의 실행(Running) 상태: TASK_RUNNING

실행 상태의 프로세스가 중앙처리기를 회수당하거나 반납하는 경우에는 크게 두 가지 형태가 있다. 첫째는 주어진 타임 슬라이스가 다 소진되었거나 그렇지 않다고 하더라도 더욱 높은 우선순위의 프로세스가 있어 중앙처리기를 회수당하는 경우이고, 둘째는 실행 중에 입출력이나 동기화(이벤트 대기)에 관계된 시스템 호출을 하여 중앙처리기를 커널 내부에서 스스로 반납하는 경우이다.

운영체제에 따라 차이점이 있지만, 리눅스의 경우에는 일반적으로, 프로세스의 실행 상태는 커널 모드 실행(kernel mode running 또는 system mode running) 상태와 사용자 모드 실행(user mode running) 상태의 두 가지로 구분된다. 다음 표는 이에 관한 설명이다.

표 3-1. 리눅스 프로세스 실행 모드의 세분

실행 모드 구분	실행 코드	시스템 보호 측면
사용자 모드 실행 (user mode running)	사용자 프로그램의 코드가 실행된다. 커널 함수 호출이 아닌 일반 라이브러리 함수의 실행도 이에 포함된다. 라이브러리 함수는 프로그램이 적재될 때, 사용자 프로세스의 텍스트 영역에 포함된 것이므로 사용자 모드 실행에 속한다.	중앙 처리기의 상태를 나타내는 특수 레지스터에 현재 명령어의 실행 모드가 사용자 모드임이 표시되고, 실행 중인 프로세스가 다른 프로세스나 커널의 메모리 영역을 침범하지 못하도록 메모리 보호 하드웨어가 작동된다. 또한, 커널 내부 하드웨어 자원을 제어하는 특수 명령어들은 이 모드에서는 실행할 수 없다. 이는 자원 보호를 목적으로 한다.
커널 모드 실행 (kernel mode running)	프로세스가 실행 중에 메모리에 상주하는 커널 함수를 호출하였거나 하드웨어 인터럽트가 발생하여, 커널 안의 코드가 수행될 때, 프로세스는 커널 모드 실행 상태에 있다고 한다.	중앙 처리기의 상태를 나타내는 특수 레지스터에 현재 실행 모드가 커널 모드임이 표시되고 하드웨어적으로 여러 가지 특권을 가지게 된다. 즉, 커널 모드에서는 사용자 모드에서는 불가능한 입출력이나 인터럽트 및 시스템 제어에 관련된 특수 명령어(privileged instruction) 들을 수행할 수 있고, 커널 안의 코드를 수행하면서 다른 프로세스의 영역에도 접근할 필요가 있기 때문에 메모리 보호 하드웨어도 통과할 수 있다.

위에서 커널 모드 실행은 프로세스가 커널의 시스템 호출을 함으로써 이루어진다고 설명하였다. 그러면 시스템 호출이란 무엇인가? 또한, 일반적인 라이브러리 함수 호출과는 무엇이 다른가? 다음은 이에 대한 설명이다.

*시스템 호출(system call)

커널은 프로세스들이 공유하는 컴퓨터 시스템의 모든 자원을 프로세스 간의 충돌이 없고 활용도가 높아지도록 프로세스에 배분한다. 이러한 역할을 커널의 자원 관리(resource management) 기능이라 한다. 프로세스는 커널이 가진 자원에 대해 서로 차지하기 위해 경쟁하며 실행되는 프로그램이다. 커널은 이러한 자원관리와 함께, 자원에 대한 쉬운 사용 방법을 프로세스에 제공한다. 커널이 프로세스에 제공하는 자원 할당/보호 및 쉬운 자원 사용 API를 시스템 호출이라 한다. 시스템 호출 함수들은 커널 영역 내부에 있으므로 메모리에 상주하며 여러 프로세스에 의해 공유된다. 라이브러리 함수는 커널 영역에 있지 않고 사용자 영역에 존재하며 프로세스가 호출하여도 사용자 모드 실행에는 변함이 없다.
시스템 호출 때문에 프로세스가 커널 안으로 진입하는 것을 일반적으로 "trap"이라 한다.

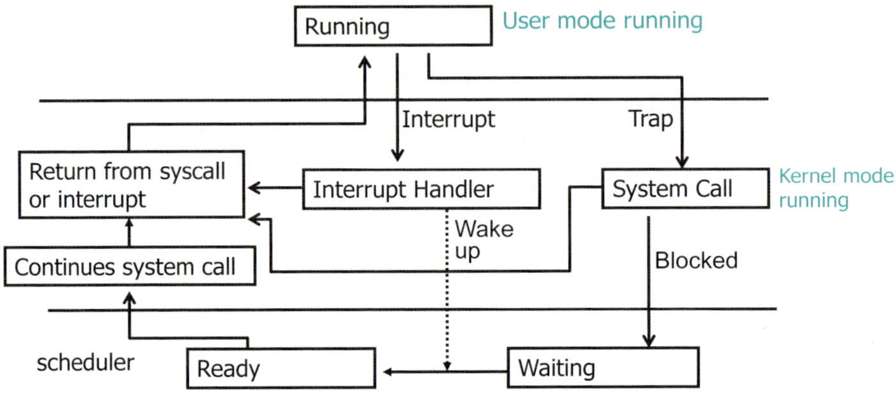

그림 3-3. 커널 모드 실행과 사용자 모드 실행의 구분

2) 프로세스의 준비(Ready) 상태: TASK_RUNNING

리눅스의 경우 프로세스에 관한 커널의 모든 정보는 태스크 구조체(task_struct)에 저장되는데, 실행 상태와 준비 상태의 프로세스는 모두 TASK_RUNNING으로 표시되고 이 두 상태의 프로세스의 태스크 구조체들은 모두 스케줄링 큐에 연결 리스트 형태로 저장된다. 다만 리눅스 커널에서 현재 실행 중인 프로세스의 태스크 구조체는 current라는 커널의 전역 변수가 가리키도록 유지한다.

3) 프로세스의 대기(Blocked) 상태 :
TASK_INTERRUPTIBLE 또는 TASK_UNINTERRUPTIBLE

프로세스 상태가 대기 중일 때에, 그 태스크 구조체(task_struct)는 스케줄링 큐에서 제거되어 대기 이벤트별로 형성되는 특정한 대기 큐(queue)에 소속되는 것이 보통이다. 입출력이 완료되거나 기다리던 이벤트가 발생하면 대기 상태의 프로세스는 다시 TASK_RUNNING(준비) 상태가 되어 그 태스크 구조체는 스케줄링 큐(run_queue)로 복귀된다.

리눅스 운영체제의 경우, 대기 상태는 실질적으로 두 가지로 구분되는데, 첫째는 TASK_INTERRUPTIBLE 상태이고 다른 하나는 TASK_UNINTERRUPTIBLE 상태이다. TASK_UNINTERRUPTIBLE 상태는 대기 중에 해당 프로세스에 응급 사건의 발생을 알리는 시그널(signal)이 전달되어도, 원래의 기다리는 사건이 발생할 때까지 대기를 계속하는 상태이고, TASK_INTERRUPTIBLE 상태는 시그널에 의한 응급 처리를 위해 기다리던 사건에 대한 대기를 중지하고 준비 상태로 복귀되는 경우이다. 이에 관한 상세한 사항은 시그널 관련 절에서 설명한다.

현재까지 프로세스의 세 가지 전형적인 상태에 대해 설명하였다. 그러나 리눅스 커널에서는 이러한 전형적인 상태 이외에 다음과 같은 프로세스의 상태가 존재한다.

4) 프로세스의 좀비(EXIT_ZOMBIE) 상태

프로세스의 수행이 종료되면 모든 프로세스의 태스크 구조체와 메모리 영역의 프로그램들은 제거되어야 한다. 그러나 리눅스 커널에서는 해당 프로세스를 생성한 한 후, 생성 프로세스의 종료를 기다리고 있는 부모(parent) 프로세스(후에 fork에 관한 절에서 설명)에게 종료 프로세스에 관한 정보를 전달하여야 하므로, 이 정보 전달 시까지 태스크 구조체를 유지한다. 이렇게 실행은 종료되었지만, 태스크 구조체는 유지되고 있는 상태를 좀비 상태(EXIT_ZOMBIE)라 한다.

5) 프로세스의 중지(TASK_STOPPED) 상태

디버깅 등의 목적을 위해 프로세스가 일시 중지된 상태이다. 시그널이나 디버깅 개시 명령으로 다시 실행될 수 있다.

6) 기타

그 외에 부모 프로세스가 없는 경우의 EXIT_DEAD, 태스크 삭제 직전의 TASK_DEAD 등의 상태가 존재한다.

3.2 프로세스의 문맥 교환(context switch)

3.2.1 프로세스의 문맥(context)과 태스크 구조체

정적 자원인 프로그램과는 달리 프로세스는 항상 실행되며 상태 변화를 계속하는 동적인 개체이다. 또한, 프로세스는 수행 중에 자원에 대한 할당 대기와 외부 인터럽트 처리와 같은 급한 작업 때문에, 언제라도 수행이 중지되고, 그 후에 다시 속개되는 일이 반복된다. 따라서 프로세스의 중지 시점에는 프로세스의 실행에 필요한 모든 정보와 환경들이 저장되어야 하고, 속개 시에는 중단 시점의 내용이 그대로 복원되어야 한다. 이렇게 중지 시에 저장되고 속개 시에 복원되는 프로세스의 실행에 필요한 모든 정보를 프로세스의 문맥(context)이라 한다. 프로세스의 문맥은 프로세스의 구성 요소 및 수행 환경과 관련이 있다. 다음은 이러한 프로세스 문맥의 구성은 다음과 같다.

*프로세스의 문맥(context) 구성

프로세스의 기본 주소 공간
- 텍스트(text) 영역 : 프로그램의 코드 부분
- 데이터(data) 영역 : 프로그램의 전역 자료 부분
- 스택(stack) 영역 : 프로그램의 실행 시간 스택 부분
- 힙(heap) 영역 : 프로세스의 동적 메모리 할당 영역

커널 관리의 프로세스 관련 정보(태스크 구조체, task_struct in Linux)
- 중앙처리기 범용 레지스터의 내용 : 일반적 계산을 위해 활용되는 레지스터들의 내용

- 중앙처리기 특수 레지스터의 내용 : 프로세스의 실행 위치를 나타내는 프로그램 계수기(program counter), 스택 포인터 레지스터, 중앙처리기 상태 레지스터, 가상메모리 페이지 테이블 관련 정보 등.
- 프로세스 및 프로세스 그룹 식별자
- 사용자 정보, 보안 정보
- 프로세스 상태
- 우선순위, 정책 등의 스케줄링 정보
- 부모, 형제, 자식 프로세스 정보
- 프로그램 정보
- 메모리 영역 정보
- 오픈 파일 정보
- 시그널(signal) 정보
- CPU 사용 시간 정보
- 타이머(timer) 정보
- 동기화 정보
- IPC(Inter-process Communication) 관련 정보
- 기타

위의 문맥 구성에서 프로세스 공간 영역은 메모리에 할당되므로 프로세스의 사용자 공간이 유지되면 자동으로 보존된다. 가상 메모리 관리에 의해 메모리에서 퇴출당하는 영역도 발생하나 필요 시에는 다시 메모리로 복귀된다. 프로세스 정보와 관련된 모든 문맥은 태스크 구조체(PCB, Process Control Block)에 위 표와 같이 보관되는데, 이들 중 프로세스 중단 시점에서 반드시 보존되고 실행 개시 시점에 복원되어야 하는 것은 대부분 중앙처리기 레지스터들의 내용이다. 즉, 레지스터들의 내용은 중앙처리기를 차지하는 프로세스가 실행되는 동안 모두 변화되기 때문에, 프로세스 중지 시에는 반드시 보존되었다가 수행 속개 시 다시 복원되어야 한다. 리눅스에서는 커널의 프로세스 관리 정보를 담은 구조체(PCB)를 task_struct 라 하며, 프로세스가 실행 또는 준비 상태일 때에 태스크 구조체는 CPU 별 스케줄링 큐인 runqueues에 우선순위 연결 리스트(linked list) 방식으로 저장되고 대기 상태일 때에는 스케줄링 큐에서 제거되어 사건별 대기 큐(sleep queue)에 소속된다.

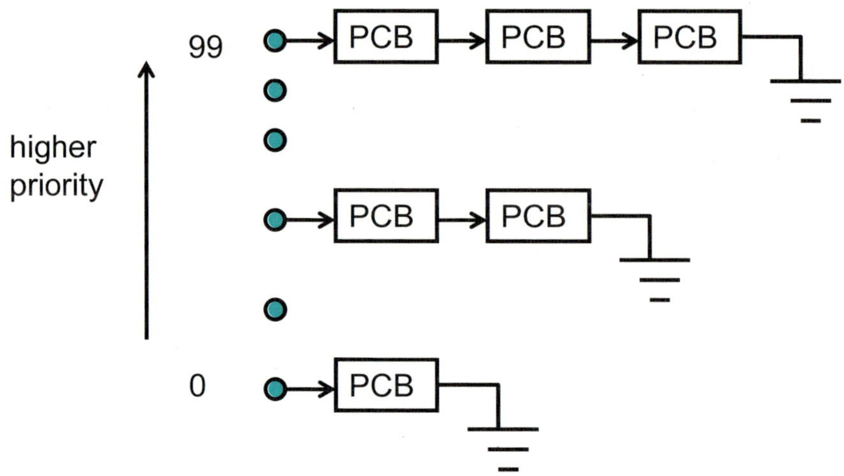

그림 3-4. 스케줄링 큐

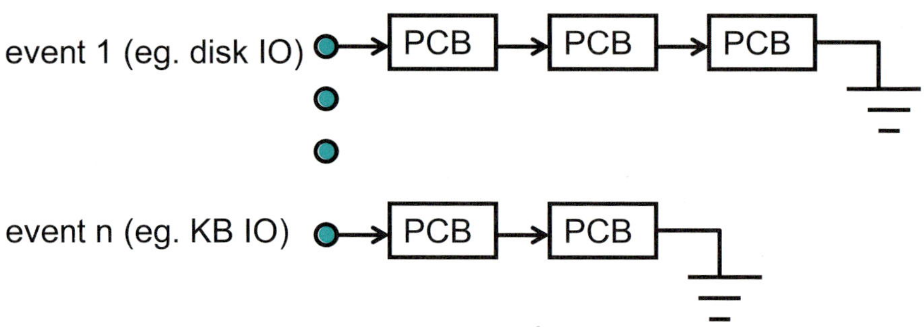

그림 3-5. 슬립 큐

3.2.2 프로세스 간의 문맥 교환(context switch)

스케줄링으로 실행 중인 한 프로세스에서 다른 프로세스로 CPU가 할당될 때에, 중단되는 프로세스가 사용 중인 모든 레지스터의 내용은 보존되고, CPU가 새로 할당되는 프로세스는 자신이 이전에 중단 되었던 시점에서 보존된 모든 레지스터의 내용이 복원되어야 한다. 따라서 CPU 내의 레지스터의 입장에서는 현 내용이 보존되고 새로운 내용이 로딩되므로 이를 문맥 교환(context switch)라 한다. 교체되는 레지스터에는 프로그램 카운터 레지스터도 포함되므로, 실제로 문맥 교환은 레지스터 내용 교체 후에 새로운 프로세스로 분기(jump) 하는 것이 된다. 리눅스늑스 커널 내부의 scheduler에 의해 호출되는 context_switch() 함수는 메모리 관련 정보에 대한 문맥 교환을 하고 switch_to()를 호출하여 레지스터의 내용에 대한 문맥 교환을 하게 된다. 즉 switch_to() 함수에서 새로운 프로세스로 분기하는데, 유의할 점은 switch_to()에 의해 중단되는 프로세스는 언젠가는 다시 다른 문맥 교환으로 다시 이 지점에서 수행이 속개된다는 점이다. 따라서 프로세스는 커널 내에서 중단되고 실행 속개도 커널 모드에서 다시 시작된다는 점을 기억하도록 하자. 이러한 문맥 교환 관련 함수 들은 모두, CPU의 아키텍처에 따라 그 코드가 달라지므로 일반적으로 어셈블리 언어로 코딩된다.

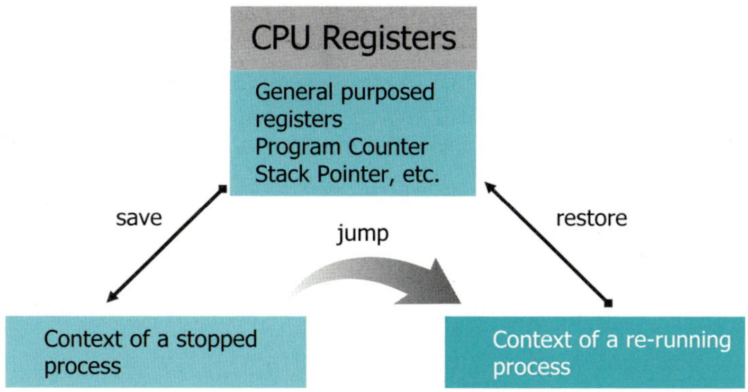

그림 3-6. 프로세스의 문맥 교환

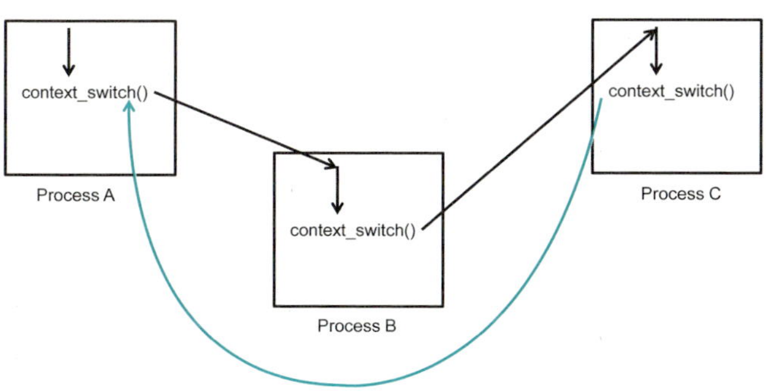

그림 3-7. 프로세스 사이의 문맥 교환

3.3 시스템 호출과 프로세스의 상태 전이

본 절에서는 일반적 입출력 시스템 호출 및 인터럽트 처리와 관련된 프로세스의 상태 변이를 알아보기 위해, 프로세스의 시스템 호출부터 복귀까지의 과정을 입출력인 디스크 파일 입력의 예로 설명한다.

사용자가 요구한 입출력이 완료되기까지는 커널 내의 관련 시스템 호출 처리 루틴뿐만 아니라 디바이스 드라이버의 주축인 인터럽트 처리 루틴이 서로 유기적인 관계를 맺고 동작한다. 이 과정에서는 입출력 완료 대기에 의한 프로세스 대기 상태로의 전이, 문맥 교환이 발생하고, 디스크 입출력을 최소화하기 위한 커널의 버퍼링(S/W 캐싱) 기법도 등장한다. 이러한 처리 과정은 커널의 두 가지 대표적 구성 요소인 시스템 호출과 인터럽트 처리의 관계를 이해하는 중요한 부분이 된다.

1) 예제 프로그램

이 예에서 사용자 프로세스는 디스크 파일을 오픈(open)하고 read 시스템 호출을 수행한다. read 시스템 호출이 수행되면 사용자 프로세스와 중앙처리기는 커널 모드 실행으로 상태가 바뀌며 커널 안의 read 기능 실행 함수로 진입하게 된다. 커널 내부 함수로의 진입은, 중앙처리기의 모드를 커널 모드 실행으로 바꾸어 여러 가지 특권을 갖게 해야 하므로, 일반적인 사용자 모드에서의 함수 호출 기법이 아닌 트랩(trap)이라는 특수 명령어를 수행함으로써 이루어진다.

*사용자 프로세스

```
#define BUF_LENGTH 256
int main ()
{
int file_id;
char buffer[BUF_LENGTH];
    file_id = open ("data_file", 0);  // read-only-mode open
```

```
    n = read (file_id, buffer, BUF_LENGTH);
    // 사용자모드에서 실행 중 시스템 호출을 하여 커널로
    // 진입하며 커널 모드 실행으로 전환
    // 복귀 시는 다시 사용자 모드
        :
}
```

2) 커널의 시스템 호출 처리 루틴

리눅스의 경우, 디스크 파일 입력을 위한 시스템 호출 처리 루틴은 파일 시스템 및 매체의 종류, 가상 메모리 및 페이지 버퍼 관리 등과 연결되어 매우 복잡한 구조를 가진다. 본 절에서는 이러한 복잡한 과정을 피하고 핵심 개념의 이해를 돕기 위해 실제 리눅스의 구조를 축약하여 의사 코드로 설명한다. 디스크 파일 입력을 위한 시스템 호출은 다음과 같은 작업을 수행한다.

① 읽고자 하는 물리적 디스크 블록이 이미 커널의 시스템 버퍼에 있으면 이를 사용자에게 반환하고 사용자 모드로 복귀한다. 시스템 버퍼는 한번 read 하였던 디스크 블록에 대한 중복 디스크 입출력을 피하려고 커널이 커널 메모리 영역에 메모리 허용 한도 내에서 디스크 블록을 유지하고 있는 영역으로, 리눅스에서는 전통적인 buffer cache나 가상 메모리 관리를 위한 page cache로 유지하는데 이는 파일 시스템의 종류에 따라 달라진다.(가장 많이 사용되는 ext3 file system의 경우 page cache를 사용한다.)

② 시스템 버퍼에 원하는 디스크 블록이 없거나 모자라는 경우에는 해당 블록을 시스템 버퍼에 적재하기 위해 버퍼를 할당받고, 디스크 입출력 정보를 탑재한 입출력 제어 블록을 생성하여 디스크 입출력 요구 큐에 등록한다.

③ 디스크 입출력 요구 큐에 등록된 프로세스의 입출력이 완료될 때까지 프로세스는 대기 상태로 전환하며 문맥 교환을 통하여 다른 프로세스에 CPU를 넘긴다. 즉 프로세스는 시스템 호출 처리 루틴 내부에서 수행이 중지되는 상태가 된다.(대기 상태)

④ 입출력 큐에 등록된 입출력이 디바이스 드라이버에 의해 추후에 완료되면, 프로세스는 준비 상태로 전이되고, 스케줄링을 받아 다시 실행이 속개되면(중지되었던 위치에서 다시 커널 모드 실행) 커널의 시스템 호출 루틴은 시스템 버퍼의 내용을 사용자 영역에 복사하고 사용자 모드로 복귀하여 시스템 호출을 완료하게 된다.

위의 ③의 수행이 중지된 상태(대기 상태)에서 ④의 상태로 오는 과정에는 디스크 디바이스 드라이버의 인터럽트 처리 루틴과 스케줄러(문맥 교환)가 작용하게 된다. 즉 ③에서 ④로 되는 과정에는 디스크 입출력의 진행 및 완료, 준비 상태로의 전이, 커널 모드 실행모드로의 전이가 차례로 있어야 한다. 다음의 프로그램은 위와 같은 작업을 수행하는 커널 내부의 디스크 입력 루틴인 read와 디스크 인터럽트 핸들러를 의사 코드로 축약한 것이다.

위와 같은 과정은 파일 시스템의 종류에 따라 달라지나, 시스템 호출인 sys_read에서 시작하여 캐시 찾기와 디스크 입출력을 하는 핵심 루틴인 do_generic_mapping_read에 도착하기까지는 여러 경로의 루틴을 거치게 된다. 그 과정은 다음과 같다.

1) sys_read: file offset 정보 획득 ->
2) vfs_read : open mode나 access check, security check ->
3) do_sync_read (ext3 file의 경우, read 요청 관련 정보 생성 ->
4) __generic_file_aio_read : 가상 메모리 관리의 page cache를 사용하는 모든 file system의 read routine ->
5) do_generic_file_read -> do_generic_mapping_read

*** 커널 read 함수의 의사 코드, sys_read로부터 여러 경로로**
(다음 내용은 do_generic_file_read를 의사 코드로 축약한 것임.)

```
void do_generic_mapping_read (,,,)
{       // 커널 모드 실행

find_get_page() routine 호출;
// 파일 mapping의 index로 해당 부분을 page cache에서 찾아 반환
// page cache에서 있는 경우, file_read_actor를 통해 __copy_to_user
로 user area에 copy하고, I/O 요구량이 page의 범위를 넘는 경우에는
이를 반복
// 실패한 경우에는 다음을 수행

no_cached_page:
// free page를 할당한다.

read_page:
    // file system에 따른 read_page routine을 호출한다.
    // ext3 file system의 경우는 ext3_readpage -> mpage_readpage 호
       출
    // mpage_readpage 루틴은 디스크 I/O 요청 블록을 생성하여 disk
       I/O 요구 큐에 삽입
       (mpage_bio_submit -> generic_make_request)
    // generic_make_request에서는 block_wait_queue_running 함수를
       통해 task를 TASK_UNINTERRUPTIBLE 상태로 만들어 대기 큐로 이
       동시킨 후 io_schedule()을 호출하여 context switch를 수행한다.

// 대기 상태에서 깨어나면 디스크 I/O는 완료된 상태이고,
 // 이 프로세스는 준비 상태를 거쳐 이미 커널 모드 실행 상태로
 // 전환된 것임;
 // page cache가 준비되었으므로 find_get_page() routine 호출
 // 부분부터 반복한다.
}

위의 루틴 수행 후, 종국에는
 ret_from_sys_call을 통해 사용자 모드로 복귀한다.
```

S/W 캐싱: 일반적인 디스크 기반의 운영체제에는 파일 입출력 및 가상 메모리 관리와 관련해서 많은 디스크 입출력이 발생한다. 그러나 디스크 입출력은 중앙처리기의 처리 속도보다 매우 느리므로, 시스템의 성능 향상을 위해 디스크 입출력을 가능한 한 최소화하여야 한다. 이를 위해 대부분의 커널은 읽어온 디스크 블록의 재활용을 위해 커널 내의 일정 메모리 공간이 허용하는 한도 내에서 시스템 버퍼(각종 S/W 캐시나 가상메모리의 page cache)에 이를 저장한다. 그리고 후에 발생하는 디스크 입출력 요구가 있을 때에 시스템 버퍼에 이 블록이 있으면 디스크 입출력 없이 이를 찾아 재활용하게 된다.

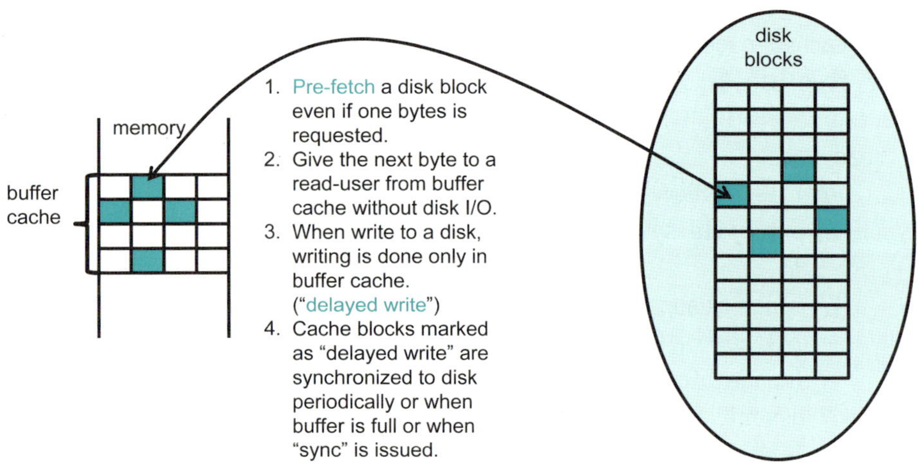

그림 3-8. 버퍼 캐시

DMA 디스크 입출력: 디스크 입출력은 블록(보통 4K ~ 32K 정도) 단위의 DMA(Direct Memory Access) 방식으로 진행된다. 이러한 디스크 입출력은 CPU의 처리 속도보다 상대적으로 느리므로 디스크 입출력 요구들의 큐가 형성되기 마련이다. 디스크 입출력 요구 큐는 한 단위의 디스크 입출력에 필요한 모든 정보를 가지는 입출력 정보 블록의 리스트로 형성된다. 이러한 정보는 〈메모리의 주소, 디스크 트랙/섹터 주소, 입출력 바이트 수, 읽기/쓰기〉 들로 구성되고 디스크 입출력은 중앙처리기가 이러한 정보로 디스크 제어기에 입출력 명령을 내림으로써 시작된다. 일단 입출력이 시작되면 중앙처리기는 더는 관여하지 않으며 디스크 제어기가 메모리와 디스크 간에 자료를 직접 이동시킴으로써 입출력을 진행한다. 이 기간에 CPU는 다른 프로세스를 수행할 수 있으며, 디스크 제어기는 디스크 블록 입출력의 완료 시에 이 사실을 인터럽트를 발생시켜 CPU에 통보한다. 따라서 입출력 수행 중에 CPU는 명령어의 페치(fetch)를 위해, 디스크 제어기는 입출력 자료의 읽기나 쓰기를 위해 메모리에 동시에 접근하게 되고, 메모리에 대한 충돌 시에는 DMA가 우선권을 가진다(cycle stealing).

다음은 프로세스가 실질적 대기 상태로 진입하는 block_wait_queue_running에 관한 설명이다. block_wait_queue_running 함수에서 커널 모드로 실행 중인 프로세스는 대기 상태가 되어 대기하는 사건이 발생할 때까지 기다리게 되는데, 이 과정은 비교적 복잡하므로 다음 글 상자에서 상세히 설명한다.

*** 커널 내부 함수 block_wait_queue_running에 관한 설명**

```
inline void block_wait_queue_running(request_queue_t *q)

 {
prepare_to_wait_exclusive(.., &wait,
    TASK_UNINTERRUPTIBLE); // wait queue에 삽입, task 대기 상태로 전환
    // 여기서 TASK_UNINTERRUPTIBLE 상태는 signal이 발생해도 깨어나지
       않음을 의미한다.
io_schedule();
// 위 함수를 호출하여 문맥 교환을 수행하고
// 다시 깨어날 때에는 disk I/O는 완료되고 ready 상태를 거쳐
   scheduling을 받아 running 상태로 된 것이다.
// 이러한 과정에 관여하는 것은 disk 제어기에 대한 커널 interrupt
   handler이다.
}
```

위의 의사 코드에서 io_schedule() 함수는 현 실행 프로세스를 중지시키고 새로운 프로세스에 중앙처리기를 할당하는 문맥 교환(context switching) 함수이다. 그 과

정은 중앙처리기 레지스터 내용과 같은 시스템 문맥을 중단될 프로세스의 태스크 구조체에 저장하고, 새로 선정된 프로세스의 태스크 구조체 내에 보존되었던 문맥을 레지스터들에 복귀시키는 것이다. 저장 및 복귀되는 레지스터에는 프로그램 계수기(program counter)도 포함되기 때문에 이러한 문맥 교환이 일어나면 자동으로 예전에 중지되었던 프로세스의 코드 부분으로 분기가 일어나 실행이 시작된다. 여기서 주지해야 할 사실은 문맥 교환으로 실행이 중지되는 프로세스도 이와 마찬가지로 언젠가는 다른 프로세스의 문맥 교환에 의해 현 지점으로 돌아오게 된다는 것이다. 따라서 switch_to는 함수로 표현되지만, 수행을 마치고 당장 복귀되는 일반 함수와 달리 다른 프로세스로 분기되었다가 다시 다른 프로세스의 문맥 교환에 의해 돌아오는 특수한 형태의 함수로 생각할 수 있다.

이제 이러한 예의 나머지 설명 부분은 디스크 입출력을 요청한 프로세스가 문맥 교환을 통해 대기 상태로 정지되어 다른 프로세스가 실행되는 상태에서, 어떠한 과정을 통해 디스크 입출력이 진행되고 다시 이전 프로세스가 실행 상태로 복귀되는지에 대한 것이다. 이러한 과정에는 디스크 입출력 인터럽트 처리 루틴이 작용하는데 다음은 이에 관한 설명이다.

3) 디스크 인터럽트 처리 루틴

예제의 입출력 요청 프로세스가 커널 내부의 문맥 교환으로 중지된 상태에서, 디스크 입출력의 진행은 디스크 제어기로부터의 인터럽트를 처리하는 커널 루틴이 담당하게 된다. 디스크 입출력 처리 루틴의 주요 작업은 크게 두 가지로 구성된다.

① 입출력 종료로 인터럽트가 발생하면 인터럽트 처리 루틴은 입출력이 종료된 프로세스의 태스크 구조체를 준비 상태(TASK_RUNNING)로 만들어 스케줄링 큐(run_queue)에 재삽입 한다. 이러한 행위를 일반적으로 wake_up이라 하며 준비 상태가 된 프로세스는 스케줄링을 기다리게 된다.

② 입출력 요구 큐에 등록된 다음 입출력 정보 블록으로 디스크 제어기에 입출력을 명령한다.

위에서 입출력이 완료되어 다시 준비 상태(TASK_RUNNING)로 전환되는 프로세스는 일반적으로 사용자 모드에서 실행할 때보다 높은 우선순위를 할당받아 스케줄링 큐로 삽입된다. 그 이유는 시스템 호출 실행 중에 중지되었다 다시 깨어난 프로세스를 일반 사용자 실행 모드의 프로세스보다 먼저 실행시켜 주기 위함이다.

다음은 어떤 다른 프로세스의 실행 중에 디스크 입출력 완료 인터럽트가 발생하여 진입하게 되는 인터럽트 처리 루틴의 개념 설명이다.(다음 루틴의 이름은 가상적 이름이다.)

```
* 디스크 인터럽트 처리 루틴(,,,)

// 커널 모드 실행
{
 // 입출력 완료 인터럽트의 경우
 // 디스크 입출력 큐의 가장 앞(프론트)에 있는
 // 입출력 요구가 수행 완료된 것임.
 디스크 입출력 요구 큐가 수행된 입출력 정보 블록을 제거;
 스케줄링 큐에 삽입;  // wake_up
 디스크 입출력 대기 큐의 다음 요구 블록의 입출력 정보로,
 디스크 제어기에 명령을 내려 다음 입출력을 시작시킴;

 ret_from_interrupt; // 복귀 과정에서 스케줄러가 동작한다.
}
```

위와 같은 일련의 인터럽트 처리 후에 준비 상태로 가게 된 예제 프로세스는 커널 내의 여러 부분에 위치하는 문맥 교환 호출로 다른 프로세스로부터 중앙처리기를 할당받아 자신이 예전에 문맥 교환을 한 지점으로 다시 복귀하게 된다. 커널 내에서 문맥 교환이 일어나는 경우는 다음의 두 가지 유형으로 분류된다.

① 프로세스가 시스템 호출을 하고 해당 커널 함수 안에서 입출력 요구 등을 하여 프로세스가 대기 상태로 전환하며 자발적으로 문맥 교환(voluntary context switch)을 하는 경우

② 시스템 호출 및 인터럽트의 처리 과정에서 여러 가지 이유(타임 슬라이스의 소진, 프로세스의 대기 종료 및 생성, 우선순위의 변화 등)로 스케줄링이 필요하다는 플래그(current->need_resched)가 설정된 경우, 인터럽트 처리 및 시스템 호출 완료 직후 사용자 모드로의 복귀 이전에 스케줄러가 수행되며 이때 우선순위가 현재 프로세스보다 높은 프로세스가 있으면 비자발적 문맥교환(involuntary context switch)이 일어난다. 현 프로세스의 타임 슬라이스가 다 소진된 경우도 클럭 인터럽트 처리 과정에서 이러한 사실을 알게 되고, 이때에도 인터럽트 처리를 마치고 사용자 모드로 복귀하는 과정에서 문맥 교환이 발생한다.

단 문맥 교환 발생 시점에 관한 중요한 사실은 인터럽트 처리는 반드시 단기간에 완료하여야 하므로 인터럽트의 처리 도중에는 문맥 교환이 있을 수 없다는 사실과 문맥 교환은 반드시 커널 모드 수행 시에 이루어지므로 프로세스는 반드시 커널 안에서 수행이 중지되고 커널 안에서 다시 수행이 속개된다는 점이다.

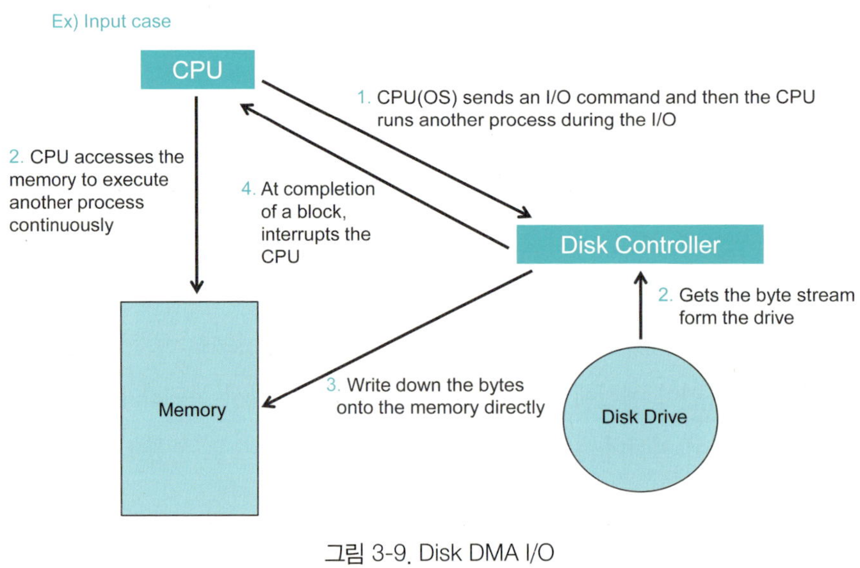

그림 3-9. Disk DMA I/O

4) Timer 인터럽트 처리 루틴

모든 운영체제는 일정한 시간 간격(1 milli-sec 또는 10 milli-sec)으로 인터럽트를 발생시키는 타이머를 가진다. 타이머 인터럽트는 정상적인 경우에 가장 우선순위가 높은 인터럽트이다. 타이머 인터럽트가 발생하면 하던 작업(커널 작업이나 프로세스 실행)을 즉시 중지하고 커널 내의 타이머 인터럽트 처리기(handler)로 분기하여 여러 가지 작업을 수행한다. 수행되는 작업은 다음과 같다.

① 부팅 이후로부터의 시스템 시간 업데이트(jiffies ++)
② 주기적 커널 함수 작업 호출
③ 현재 실행 중인 프로세스의 잔여 타임 슬라이스 감축, 잔여 타임 슬라이스가 0이 된 경우 다른 프로세스를 스케줄링하여야 하므로, 인터럽트 처리가 끝난 후 재스케줄링 할 수 있도록 PCB 내의 need_resched 플래그를 1로 설정한다.
④ sleep이나 alarm을 설정한 프로세스에 대한 서비스 수행
⑤ 비사용 메모리가 부족할 경우 커널의 swapper 프로세스를 깨워(ready), swapper가 후에 스케줄링을 받으면 메모리를 비우는 작업을 수행토록 한다.
⑥ return_from_interrupt 수행

■ **Clock interrupt handler**

```
Update the system time;
Call timeout functions (every n ticks)
Wakeup blocked processes in time queue; (processes called sleep etc.)
Wakeup kernel processes if free memory size  is under the threshold
(wakeup Swapper kernel process and  Swapout pages)
current_PCB.time_slice_left--;
if (time_slice_left == 0) currentPCB.need_resched = 1;
Re-compute user mode priority; and do something;
Return from Interrupt
(== Ret from syscall)
```

▶

```
if (currentPCB.need_resched) {
        currentPCB.state = ready;
        Choose the process with the highest priority from
the Scheduling Queue;
Do Context_Swictch (...);
 } // this must be the last step of clock interrupt handler
```

그림 3-10. 타이머 인터럽트 처리

Return_from_interrupt는 need_resched 플래그를 테스트하여 재스케줄링이 필요하면 가장 높은 우선순위의 프로세스를 골라 현 프로세스와 문맥 교환을 수행한다. 이와 같은 문맥 교환은 인터럽트 처리 내에서 수행되어서는 안 되고 반드시 인터럽트 처리가 종료된 후에 하여야 한다.

리눅스의 인터럽트는 인터럽트를 disable 시키고 신속히 단기간에 처리하는 fast interrupt와 그 인터럽트 처리 과정이 길어 인터럽트 disable 모드에서 수행되는 인터럽트 처리(ISR: interrupt service routine) 루틴과 인터럽트 enable 모드에서 시스템 호출 함수가 종료된 뒤에 수행되는 bottom-half(또는 Soft IRQ)의 2단계로 처리되는 slow interrupt로 구분된다. 키보드 인터럽트는 fast interrupt의 대표적인 예이고, 디스크나 타이머 인터럽트는 처리 과정이 길어 ISR과 bottom-half로 나누어 처리되는 slow interrupt이다. 이에 관한 더 상세한 내용은 리눅스 운영체제 관련 서적을 참고하기 바란다.

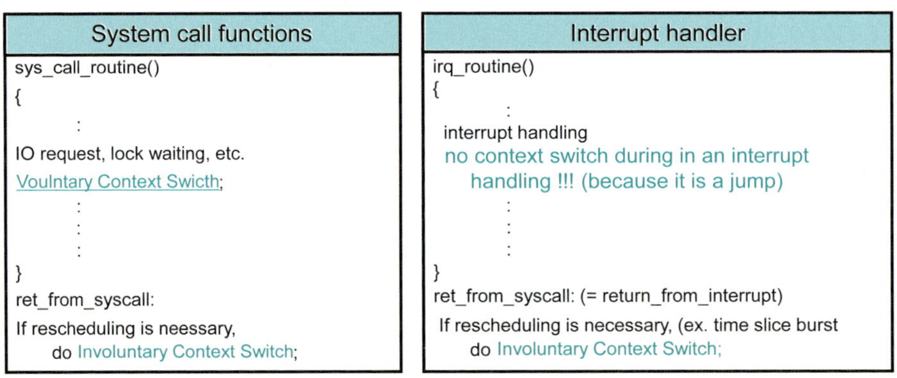

그림 3-11. 커널 내에서 문맥 교환이 일어나는 위치

3.4 프로세스의 생성과 소멸

리눅스 운영체제에서 프로세스의 생성 및 소멸 관련 기본 시스템 호출은 다음과 같다.

```
FORK(2)
#include <sys/types.h>man fork
#include <unistd.h>

pid_t fork(void);

    입력 값 : 없음
    반환 값 : - child 프로세스 : 0
         - parent 프로세스 : child 프로세스의 PID
         - 에러 : -1
```

fork 시스템 호출은 실행 중인 프로세스가 자신과 같은 프로그램 내용을 가지는 새로운 프로세스를 생성할 때 사용된다. fork를 호출한 프로세스를 parent 프로세스라 하고, 새로 생성되는 프로세스를 child 프로세스라 한다. parent 프로세스의 fork 호출이 완료되면 fork에서의 반환(return)은 parent와 child process의 두 곳으로 이루어진다. Parent에게는 child의 프로세스 식별자가 반환되고 child에게는 "0"이 반환되어 자신이 parent인지 child인지를 구별하도록 한다.

새로 생성되는 child 프로세스의 data와 stack은 fork시의 parent의 상태를 복사하지만, 별도의 공간에 할당되어 각각 다른 영역을 사용한다.

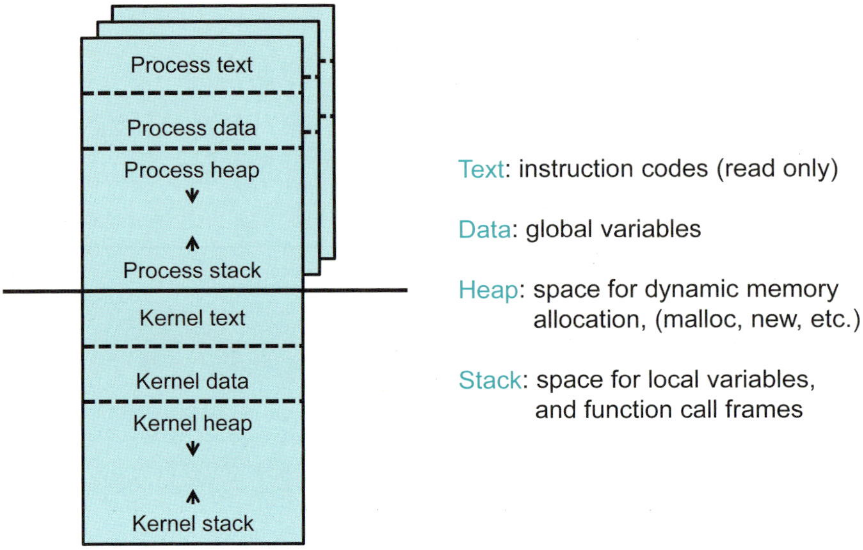

그림 3-12. 커널과 프로세스의 주소 공간

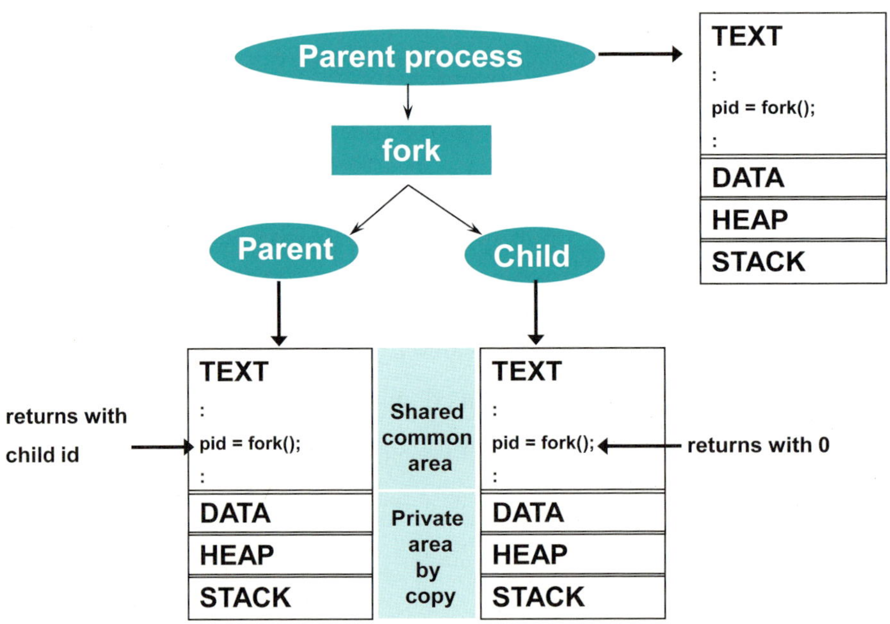

그림 3-13. fork에 의한 프로세스 생성 이후의 주소 공간

다음은 fork를 이용한 전형적인 협동 작업의 예이다.

*Fork에 의한 프로세스의 생성과 협동 작업

```
 #include <sys/types.h>
 #include <sys/wait.h>
 #include <unistd.h>
 #include <stdio.h>
int global_int = 5;
int main()
{
    pid_t pid;
        :
    if ((pid = fork()) == 0) {  //child
              global_int = 6;
              printf ("child's data = %d\n", global_int); // 6 출력
              exit(0);
    } else                          // end of child
    {                               // parent
              global_int = 7;
              printf ("parent's data = %d\n", global_int); // 7 출력
              wait();
    }
    :          // parent : after join
    printf ("parent's data = %d\n", global_int);   // 6 출력

}
```

위의 예에서 fork 이후의 parent와 child 프로세스는 커널에 의해 각각 다른 프로세스로 관리되는 것으로 각각 별도로 스케줄링을 받게 된다. 따라서 타임 슬라이스 만료나 입출력 요구에 의한 스케줄링으로 수시로 CPU가 각 프로세스에 할당되므로, 두 프로세스의 실행 부분 부분은 정해진 순서 없이 실행된다. 따라서 마치 두 프로세스가 동시에 수행되는 것처럼 보이고, 또한, 실제로 다중 CPU 시스템에서는 병렬로 동시에 실행될 수도 있다. 이러한 프로그램을 병행(concurrent) 프로

그램이라 한다. 위의 예에서 전역 변수인 global_int는 초기값이 5인 상태로 child에 복사되지만, child는 별도의 데이터 공간을 갖기 때문에 fork 이후에 global_int는 실제로 두 개가 독립적으로 존재하게 된다. 프로세스 fork 이후에 각 프로세스의 메모리 영역은 프로그램 코드 부분인 TEXT만 공유하고 나머지 부분은 별도의 독자적 공간을 갖게 된다.

3.4.1 프로세스의 종료와 child 프로세스 종료 대기

위의 두 프로세스는 child 프로세스의 종료/소멸 시점을 기준으로 다시 하나의 수행 흐름으로 합쳐지는 동기화가 수행될 수 있는데, 다음은 이와 관련된 시스템 호출에 대한 설명이다.

프로세스의 종료를 위한 시스템 호출 exit은 다음과 같다.

```
_EXIT(2)
#include <stdlib.h>

void exit(int status);

    입력 값
        - status : 반환되는 상태 값
    반환 값 : 없음
```

exit은 프로세스의 종료와 함께 프로세스의 사용자 메모리 영역을 해제하며, wait 시스템 호출을 통해 child 프로세스의 종료를 기다리는 parent 프로세스를 깨워주는 역할을 한다. 이때 exit의 입력 변수는 wait 시스템 호출의 매개 변수로 반환된다.

parent 프로세스가 child 프로세스의 종료를 기다리는 동기화 도구로 사용하는 wait 시스템 호출은 다음과 같다.

```
WAIT(2)
#include <sys/types.h>
#include <sys/wait.h>

pid_t wait(int *stat_loc);

    입력 값
        - stat_loc : child 프로세스의 상태 정보를 받기 위한 버퍼
    반환 값
        - 정상 : 하위 프로세스 식별자
        - 에러 : -1
```

이러한 wait 시스템 호출은 parent 프로세스가 병행으로 어떤 작업을 시킨 child 프로세스의 종료를 기다리는 경우에 사용한다. wait와 exit은 병행으로 실행되는 두 프로세스에 의해 호출되므로 어떤 것이 먼저 일어나는지 알 수 없으며 wait보다 exit이 먼저 일어난 경우, wait에 의한 동기화까지의 child의 상태를 zombie 상태라 하며, zombie 상태의 child는 parent의 wait에 의해 태스크 구조체가 시스템에서 완전 소멸한다.

다음의 두 예는 child가 또 fork를 한 경우의 wait-exit 관계와 parent가 여러 개의 child를 fork 한 경우의 wait-exit 관계를 보여 준다.

***fork와 wait, exit의 활용 예**

```
if (fork( ) == 0) {    // child
        .....
        if (fork( ) == 0) {         // child of child
                    ...
                    exit(0);
        }
        ...
        wait( );    // death of grand-son
        ...
```

```
        exit(0);
}
...                 // parent
wait( );            // death of child

if (fork() == 0) {           // child
        ...         // A part
        exit(0);
}
if (fork() == 0) { // child sibling
        ...         // B part
        exit(0);
}
    ...     // parent : C part
    wait(0);//      wait death of a(any) child
    wait(0);//      wait death of a(any) child
// A, B and C part execute concurrently
```

3.4.2 child 프로세스의 상속

fork된 child 프로세스는 parent 프로세스의 변수값들을 상속하고, 그 외에도 여러 가지 상태나 사용 자원, 스케줄링 정보 등을 상속 받게 된다. 이에 관해서는 다음에도 계속 설명이 있을 것이지만, 이 절에서는 대표적인 것으로 open된 파일의 상속에 대해 설명한다. fork된 child는 parent가 fork 이전에 open한 파일을 그 상태 그대로 상속하는데, open된 file descriptor id와 각 파일의 내재적 접근 위치(read/write offset)도 상속하고 공유하게 된다. read/write offset을 공유하므로 parent와 child가 같은 파일에 입출력하게 되면 서로에게 영향을 미치게 된다. 다음의 예를 보도록 하자.

*Parent와 child의 파일 공유의 예

```
#include <sys/types.h>
#include <sys/wait.h>
#include <unistd.h>
#include <stdio.h>
int main()
{
        int old_fd, new_fd, n;
        char buf;

        old_fd = open("input_file", 0);  // read-only mode
        new_fd = creat ("output_file", 0666);  // file creation

        fork();

        while ((n= read(old_fd, &buf, 1)) != 0)
                write(new_fd, &buf, n);

    close(old_fd);
    close(new_fd);
}
```

위의 프로그램은 새로 만든 output_file에 input_file의 내용을 1 byte씩 모두 복사하는 프로그램이다. 파일을 open하고 creat 한 후, fork를 실행하므로 open된 파일의 상속에 의해 parent와 child는 각각 두 파일을 사용할 수 있다. 이때, 두 프로세스는 read/write offset를 공유하므로 파일의 크기는 두 배가 되지 않으며 원래의 크기대로 복사가 수행된다. 단 여기서 주의할 점은 병행 프로그램의 특성상, parent가 read를 실행하고 write를 실행하기 이전에 스케줄링이 발생하여 child가 실행되고, child의 read와 write 후에 parent의 write가 실행될 수 있다는 점이다. 이런 시나리오로 병행 프로그램이 실행되면 복사된 파일의 크기는 같지만 출력 파일의 순서가 원래의 입력 파일의 순서에서 바뀔 수 있다는 점이다. 따라서 위와 같은 병행 프로그램은 파일의 복사 순서에 무관한 경우는 올바른 프로그램이지만 순서까지 유지해야 하는 복사의 경우에는 잘못된 프로그램이 된다. 이러한 문제를 임계 구역(critical section) 문제라 하는데, 이의 해결책으로 상호배제(mutual exclusion) 도구들이 운영체제에 의해 제공되며 이는 추후의 관련 절에서 설명하기로 한다.

3.5 프로세스의 프로그램 교체(로딩)를 위한 시스템 호출 exec 그룹

실행 중인 프로세스가 exec 시스템 호출 그룹 중 하나를 호출하게 되면, 실행 중인 프로세스의 text, data, stack 영역 등은 지정된 실행 파일의 내용으로 적재되어 새로운 프로그램이 실행된다. 프로세스의 몸체는 새로운 실행 파일의 내용으로 교체되지만, 프로세스 id, parent-child 관계, open하였던 파일 등 여러 프로세스의 환경은 그대로 유지된다. exec 시스템 호출 그룹은 execl, execle, execv, execve, execlp, execvp 등, 인수가 약간씩 다른 여러 개의 호출로 구성된다. 본 교재에서는 이들 중 대표적인 것으로 execve를 살펴보기로 한다.

```
EXECVE(2)
#include <unistd.h>

int execve(const char *path, const char *argv[], char const
*envp[]);

    입력 값
        - path : 프로그램의 경로명
        - argv : 프로그램의 인수들에 대한 포인터
        - envp : 환경 변수로의 포인터
    반환 값
        - 정상 : 없음
        - 에러 : -1
```

exec 계열의 시스템 호출은 새로운 프로그램을 적재(load)하고 적재된 프로그램의 main 함수를 실행하는 것이므로 정상적인 경우에는 return되지 않는다. 단 지정한 실행 파일이 없거나 실행 불가능한 경우에는 error return 하게 된다. 다음은 exec 시스템 호출의 사용 예이다.

*fork와 exec 시스템 호출의 사용한 소규모 쉘의 예

```
#include <sys/types.h>
#include <sys/wait.h>
#include <unistd.h>
#include <stdlib.h>        /*  exit() */
#include <string.h>        /* strlen() */
#include <stdio.h>

#define PROMPT   "$>"
#define  LINE_LENGTH  80

int main(void)
{
        char buffer[LINE_LENGTH];
        pid_t pid;
        int c, count= 0;
        int background = 0;

        for(;;)
        {
        printf(PROMPT);
        count = 0;
        while(1)
        {
                if ((c = getchar()) == EOF)
                        exit(0);   // normal exit

                if (count < LINE_LENGTH)
                        buffer[count++] = c;
```

```
        if (c == '\n' && count < LINE_LENGTH)
        {
                buffer[count - 1] = 0;
                break;
        }

        if (count >= LINE_LENGTH)
        {
                printf("intput too long\n");
                count = 0;
                printf(PROMPT);
                continue;
        }
} // end of while

if (strlen(buffer) == 0 || (strlen(buffer) == 1 && \
                     buffer[strlen(buffer)-1] == '&'))
        continue; // to for loop

if ( buffer[strlen(buffer)-1] == '&')
{
        background = 1;
        buffer[strlen(buffer)-1] = '\0';
}

if( (pid = fork()) < 0)
{
        perror("fork failed");
        exit(1);
}
else if( pid == 0) // child process
{
        execlp(buffer, buffer, (char *)0);
        perror( "exclp failed");
        exit(1);
}

if( background = 1)
```

```
                    continue;

            while (wait(&pid) != pid) ;     // wait for the exit of foreground

    }  // end of for
}
```

위의 프로그램은 간단한 쉘을 구성해 본 예제이다. 위 프로그램이 수행되면 사용자 화면에는 "$>"의 프롬프트(prompt)가 나타나고, 사용자는 자신이 실행시키고자 하는 프로그램을 입력하게 된다. parent 프로세스는 쉘과 같은 실행 형태로 child를 fork하고, fork 된 child는 입력으로 받은 프로그램을 execlp를 통하여 실행하게 된다. parent 프로세스는 fork와 exec을 통해 실행되는 child의 수행 완료를 waitpid를 통해 기다리고, child의 실행이 exit을 통해 완료되면 다시 프롬프트를 출력하여 다음 실행할 프로그램을 입력받는다. 단 사용자의 프로그램 이름 입력 시, "&" 기호를 붙이게 되면 이는 백그라운드(background) 프로세스로 실행시키라는 의미로 parent는 child의 실행 완료를 기다리지 않고 바로 프롬프트를 출력하여 다음 프로그램명을 입력받는다. 백그라운드로 실행되는 프로세스가 언젠가 종료되면 지정된 포어그라운드(foreground)를 기다리는 wait loop에 의해 zombie 상태에서 소멸한다.

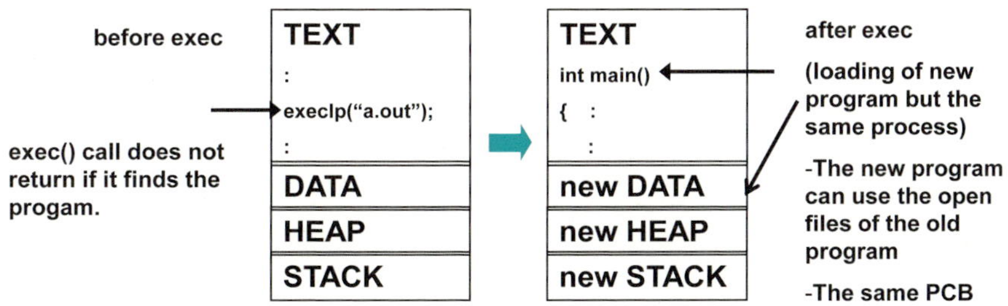

그림 3-14. exec 계열 시스템 호출 이전과 이후

연습 문제

1. 좀비 프로세스를 발생시키는 프로그램을 만들고 이 프로그램을 백그라운드로 실행시킨 후, ps(1) 명령어를 이용하여 이를 확인하시오.
2. main 함수의 인수(argv)로 실행 파일명을 받아 이 프로그램으로 프로세스를 바꾸어 실행하는 프로그램을 작성하시오.
3. Parent와 child 프로세스가 각각 같은 전역 변수를 1에서 100까지 1씩 증가시키며 매 증가 시마다 화면에 출력하는 프로그램을 작성하고 이를 시행하여 출력의 순서를 확인하시오.

참고문헌

1] 김길창, 김정국. 운영체제개념, 홍릉과학출판사, 2003

제4장

리눅스 스케줄링

리눅스 운영체제는 프로세스나 후에 설명될 스레드에 대해 선점(preemption) 스케줄링 기법을 제공한다. 선점 스케줄링은 시분할 시스템에서 한 프로세스의 CPU 독점을 방지하기 위해 주어지는 타임 슬라이스(time slice)가 소진되었거나, 인터럽트나 시스템 호출 종료 시에 더 높은 우선순위의 프로세스가 발생하였음을 알았을 때 현 실행 프로세스로부터 강제로 CPU를 회수하여 다른 프로세스에 할당하는 것을 말한다.

이러한 선점 스케줄링을 사용하는 대부분의 운영체제는 보통 CPU 효율의 극대화, 프로세스에 대한 빠른 응답(response) 및 공평성의 향상 등을 위해 여러 가지 스케줄링 정책과 동적 우선순위 기법을 사용한다. 다음은 이러한 스케줄링 정책에 관련된 일종의 기준에 대한 설명이다.

① 실시간 프로세스와 일반 프로세스 : 어떤 프로세스들은 주어진 기간 내에 스케줄을 받지 못하면 치명적인 일이나 오류가 발생하는데 이들을 실시간 프로세스라 한다. 실시간 프로세스들은 일반 프로세스 보다 스케줄링의 우선순위가 매우 높게 책정된다. 정밀 제어, 군용 무기 제어 등이 실시간 프로세스의 부류에 속한다.

② 연산 위주 프로세스와 입출력 위주 프로세스: 프로세스들은 우주 물리 관련 계산, 그래픽 애니메이션 시스템에서의 물체의 명암, 그림자, 모양 등의 계산 등과 같이 주로 CPU 연산을 많이 필요로 하는 연산 위주 프로세스(CPU bound process)와 은행과

같은 비지니스 응용처럼 간단한 계산 이외에는 검색과 저장 등의 입출력이 대부분인 입출력 위주 프로세스(I/O bound process)의 형태로 나눌 수 있다. 이러한 프로세스의 속성은 스케줄링에서 중요한 판단 기준이 된다.

4.1 성능 향상을 위한 선점 스케줄링의 고려 사항

다음은 시분할 선점 스케줄링에서 시스템 효율을 높이기 위한 일반적인 스케줄링 원칙이다.

① 연산 위주 프로세스보다 입출력 위주 프로세스에 높은 우선순위를 준다. 이와 같은 우선순위 할당의 이유에는 두 가지가 있다. 첫째, 입출력 위주의 프로세스를 먼저 스케줄링하면 이 프로세스는 CPU를 조금만 사용하고 입출력 대기를 위해 CPU를 반환하고 CPU는 다른 프로세스에 할당된다. 따라서 결과적으로 CPU와 입출력 장치의 동시 작동(CPU I/O overlap)이 이루어져 자원의 활용도가 증가한다. 이와 반대로 연산 위주의 프로세스를 먼저 스케줄 하게 되면 CPU는 활용성이 높아지지만, 입출력 기기는 유휴 상태가 많게 되어 장치 작동의 병렬성이 떨어지고 따라서 자원의 활용도가 낮아진다. 또 다른 이유는 입출력 위주의 프로세스는 일반적으로 대화형 프로세스여서 빠른 응답을 원하는 경우가 많으므로 우선순위를 높게 할당한다. 그러나 일반적으로 커널은 실행 프로세스의 성격을 사전에 알 수 없으므로 프로세스들의 실행시켜 가며 CPU 활용의 자료를 모아 이를 스케줄링에 점진적으로 반영하게 된다.

② 실시간 프로세스는 일반적인 프로세스와 대부분의 커널 실행 작업보다도 우선순위가 높다. 실시간 프로세스의 실행이 늦는 경우 재앙적 상황이 발생할 수 있기 때문이다(경성 실시간 프로세스). 멀티미디어 서비스 같은 경우는 오디오(audio)와 비디오(video) 자료의 시간적 동기화가 필요한데, 이러한 시간 제약 때문에 실시간 서비스로 분류되지만, 시간 조건을 어기더라도 재앙적 상황은 발생하지 않으므로 이를 연성 실시간 프로세스라 한다.

③ 타임 슬라이스는 프로세스들의 평균 CPU 반환 시간보다 약간 크게 책정하는 것이 좋다. 어느 시스템에서 실행되는 프로세스들의 일반적인 특성이 유사하여 평균 CPU 반환 시간을 알 수 있다면 타임 슬라이스는 이보다 약간 크게 주어야 한다. 그 이유

는 잠시 후에 CPU를 반환할 프로세스에서 CPU를 선점하게 된다면 불필요한 문맥 교환 오버헤드가 생기기 때문이다.

④ 일반적으로 프로세스가 시스템 호출을 하여 커널 모드 실행에 있을 때, 프로세스의 대기상태 전이로 CPU를 스스로 반환하기 이전에는 선점이 일어나지 않는다. 프로세스가 커널 모드 실행 중일 때 타임 슬라이스를 적용이나 기타의 이유로 이를 선점하게 되면 시스템 호출의 재진입에 의한 복잡한 커널 내부적 상호 배제 문제가 많이 발생하기 때문이다. 그러나 긴급한 실시간 프로세스가 발생하였을 때 이러한 속성은 문제가 되기도 한다. 커널 내에 프로세스가 진입해 있으면서도 이를 선점할 수 있는 기능을 제공하는 커널을 선점형 커널(preemptive kernel)이라 하는데 이러한 기능은 Linux version 2.6.x부터 제공되고 있다.

4.2 리눅스 스케줄링

리눅스 스케줄링에서 프로세스(스레드)들은 기본적으로 다음의 스케줄링 그룹으로 구분되는데 이를 스케줄링 정책(policy)이라 한다.

① SCHED_OTHERS : 일반적인 사용자 프로세스에 적용되는 스케줄링 정책으로 타임 슬라이스와 커널에 의해 지속적으로 변경되는 동적 우선순위를 사용한다.

② SCHED_FIFO : 긴급한 실시간 프로세스에 사용되는 정책으로 모든 SCHED_OTHERS 그룹보다 높은 고정 우선순위를 가지며 타임 슬라이스의 개념이 없다. 타임 슬라이스의 개념이 없다는 의미는 해당 프로세스가 가장 높은 우선순위를 가지고 있을 때, 입출력 요구 등에 의해 스스로 CPU를 반환하기 이전에는 CPU를 계속 사용할 수 있는 것을 의미한다.

④ SCHED_RR : 역시 실시간 프로세스에 사용되는 정책으로 모든 SCHED_OTHERS 그룹보다 높은 고정 우선순위를 가지며 타임 슬라이스를 준다. 같은 우선순위 등급에서는 타임 슬라이스에 의한 라운드로빈(round-robin) 스케줄링 기법이 적용된다. round-robin 스케줄링은 타임 슬라이스가 다 소진되었을 때 스케줄링 큐의 맨 마지막으로 삽입되어 같은 우선순위의 모든 다른 프로세스의 스케줄링 이후에 CPU를 받게 하는 스케줄링이다.

SCHED_FIFO와 SCHED_RR의 프로세스는 수퍼 유저 만이 생성할 수 있고, 고정 우선순위를 사용하므로 스케줄링 기법 상으로는 간단한 모델이다. 일반적 사용자 프로세스에 적용되는 SCHED_OTHERS 기법은, 앞서 설명한 연산 위주 프로세스와 입출력 위주 프로세스 중 후자에 우선순위를 높게 주는 정책을 반영하기 위한 것이다. 모든 프로세스는 생성 시에 기본 타임 슬라이스를 할당받고, 이는 기본 우선순위의 역할을 한다. 이러한 동적 우선순위 시스템을 이해하기 위해 리눅스 스케줄러의 SCHED_OTHERS 프로세스에 대한 우선순위 계산 식과 타임 슬라이스 소진 시의 새로운 타임 슬라이스를 설정하는 2.4.x 경우의 계산 식을 알아본다.

SCHED_OTHERS의 경우 타임 슬라이스가 소진되지 않은 새로운 프로세스에 스케줄을 줄 때 프로세스들의 우선순위(goodness) 계산 식은 다음과 같다.(단 SCHED_FIFO나 SCHED_RR의 실시간 프로세스는 주어진 고정 우선순위를 가진다.)

동적 우선순위 = 남은 타임 슬라이스 + (20 - nice)의 비례 값;

SCHED_OTHERS 프로세스의 타임 슬라이스 소진 시 새로운 타임 슬라이스 설정은 다음과 같다. 한 프로세스의 타임 슬라이스가 소진되면 한 프로세스의 남은 타임 슬라이스를 나타내는 태스크 구조체 내의 counter의 값은 0이 되고, 다른 모든 프로세스의 타임 슬라이스가 소진되기까지 이 값에는 변화가 없고 따라서 스케줄링을 받지 못한다. 모든 프로세스의 counter 값이 0이 되면 각 프로세스의 타임 슬라이스를 재설정하게 되는 데 그 방식은 다음과 같다.

새로운 타임 슬라이스 = (20-nice)의 비례 값 + 1;

위에서 타임 슬라이스 소진 이전에 여러 가지 이류로 CPU를 선점당하는 경우에, 그 우선순위는 남은 타임 슬라이스에 의존함을 알 수 있다. 즉, 타임 슬라이스가 많이 남은 경우에는 CPU를 덜 사용한 것이 되고 이 경우에는 높은 우선순위를 줌을 알 수 있다.

위의 우선순위 계산 식과 새로운 타임 슬라이스 설정식에서 nice 값은 우선순위 계산 시의 벌점과 같이 작용한다. 즉 nice 값이(-20 ~ 20, 기본값은 0) 작을수록 동적 우선순위 시스템에서 높은 우선순위와 큰 타임 슬라이스를 가짐을 알 수 있다. SCHED_OTHERS 프로세스의 경우, 사용자는 직접 우선순위를 조정할 수 없고 단지 nice 값을 상향 조정할 수 있을 뿐이다. nice를 하향 조정하려면 수퍼 유저의 권한이 필요하다. fork 시에 nice 값은 상속된다. Linux 2.6.X 이상의 버전에서 SCHED_OTHERS는 CFS(Completely Fair Scheduling)정책이 사용되고 있는데, 기본적인 개념은 그 이전의 버전과 같은 것으로 보아도 무방하다.

4.2.1 스케줄링 관련 시스템 호출

프로세스의 우선순위나 스케줄링 정책 조정을 위한 함수들은 다음과 같다. 우선 생성된 프로세스에 대해 일반적인 시분할 프로세스인 경우 SCHED_OITHERS로 설정하고, 실시간 프로세스의 경우에 SCHED_FIFO와 SCHED_RR 정책과 함께 우선순위를 줄 수 있는 함수들은 다음과 같다.

```
SETSCHEDULER(2)
#include <sched.h>

int sched_setscheduler (pid_t, pid, int policy, const struct
sched_param *p);
int sched_getscheduler (pid_t, pid);

struct sched_param {
...
int sched_priority;
...
};

   입력 값
      - pid : 해당 프로세스 id (0인 경우는 자신)
```

- policy : SCHED_OTHERS, SCHED_FIFO, SCHED_RR
- sched_param : policy에 따라 구조체 내부의 sched_priority 값을 설정한다. SCHED_OTHERS인 경우는 0을 주어야 하며, 실시간 프로세스의 경우는 1-99 범위의 값을 준다. SCHED_FIFO와 SCHED_RR은 수퍼 유저만 사용할 수 있다.
- sched_getscheduler는 policy를 return한다.

반환 값
- 정상 : sched_setscheduler -> 0, sched_getscheduler -> policy
- 에러 : -1

위의 설명에서 알 수 있듯이 이 sched_setscheduler 함수는 SCHED_OTHERS일 경우는 무의미하다. 따라서 이 함수는 실시간 프로세스를 지정하고 고정 우선순위를 주는 데 사용한다.

스케줄링 정책을 준 실시간 프로세스에 대해 사용자 임의로 우선순위 조정을 위해 사용하는 함수들은 다음과 같다.

SCHED_SETPARAM(2)

```
#include <sched.h>

int sched_setparam (pid_t, pid, const struct sched_param *p);
int sched_getparam (pid_t pid, struct sched_param *p)
```

입력 값
- pid : 해당 프로세스 id (0인 경우는 자신)
- sched_param : policy에 따라 구조체 내부의 sched_priority 값을 설정한다. 실시간 프로세스의 경우는 1-99 범위의 값을 준다. SCHED_FIFO와 SCHED_RR은 수퍼 유저만 사용할 수 있다.
- sched_getscheduler는 sched_param 구조체를 반환한다.

```
반환 값
    - 정상 :  0,
    - 에러 : -1
```

기타 스케줄링 관련 함수들로는 다음과 같은 것들이 있다.

```
SCHED_YIELD(2)
#include <sched.h>

int sched_yield(void);
```

sched_yield 함수는 커널에 재스케줄링을 요구하여 호출 프로세스는 같은 우선순위 등급의 큐에서 가장 뒤로 옮겨진다. sched_yield 후에, 자신보다 높은 우선순위의 프로세스가 없으면 호출 프로세스가 다시 스케줄을 받는다. 이와 같은 함수는 어떠한 프로세스가 어떤 조건이 만족하길 기다리는 룹(loop)을 수행할 때, 조건이 만족하지 않아도 주어진 타임 슬라이스 동안 계속 룹을 돌아 CPU 시간을 낭비하는 것을 방지하는 데 사용되는 것이 보통이다. 즉 한 번의 조건 테스트로 기다리는 조건이 만족하지 않음을 알았을 때, 다른 프로세스에 스케줄을 일단 양보하고 조건 테스트는 후에 다시 스케줄을 받았을 때 다시 하기 위한 함수이다. 사용예는 다음과 같다.

```
while (!condition) {   // 조건은 trylock 이나
                // 세마포어의 trywait 등을 예로 들 수 있다.
   sched_yield();
}
```

그 외 SCHED_OTHERS와 SCHED_RR 정책 프로세스의 nice 값을 조정하는 함수는 다음과 같다.

```
NICE(2)
#include <unistd.h>

int nice(int inc);
```

inc 값이 음수이면 우선순위가 증가하게 되는데, 이는 수퍼 유저만이 할 수 있다. nice 함수는 SCHED_OTHERS 프로세스의 nice 값을 조정하고 이는 타임 슬라이스와 우선순위 조정에 영향을 미친다. 단 SCHED_RR의 실시간 프로세스인 경우는 타임 슬라이스 조정에만 영향을 주고 우선순위는 고정이므로 영향을 미치지 않는다.

위에 설명한 스케줄링 관련 함수들은 일반적으로 nice를 제외하고는 모두 SCHED_FIFO나 SCHED_RR의 실시간 프로세스를 위해 사용되는 것들이다. 즉, 본 장의 내용은 실시간 시스템 응용을 작성하는 사용자를 위한 것이라고 할 수 있다.

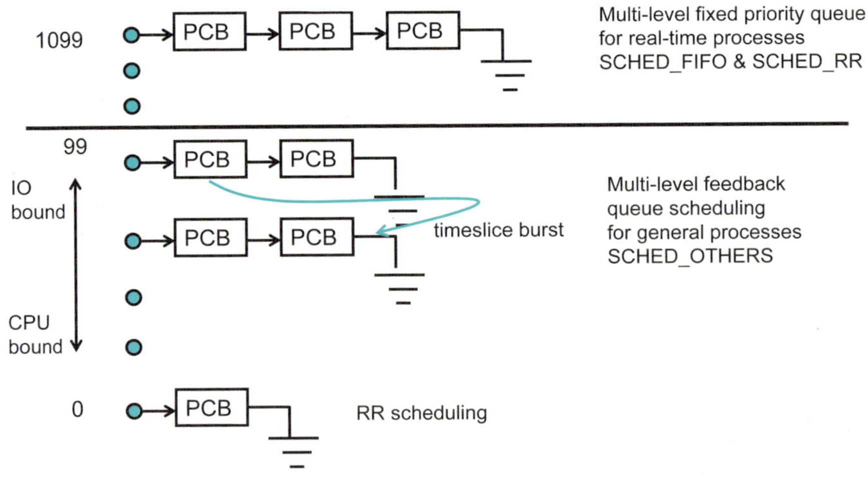

그림 4-1. 리눅스 스케줄링

연습 문제

1. 개인용 리눅스 시스템에서 super user의 권한으로 각각 다른 우선순위의 SCHED_RR 정책의 프로세스를 두 개 이상 만들어 실행 상태를 모니터링하시오.

참고문헌

1] 김길창, 김정국. 운영체제개념, 홍릉과학출판사, 2003
2] http://lxr.linux.no.source

제5장

파일 시스템

5.1 개요

파일 시스템은 디스크나 입출력 장치에 정보를 저장하거나 입/출력 및 검색 등을 하기 위한 운영체제의 구성 요소를 말한다. 파일 시스템은 장치에의 입출력이나 저장 형태 등, 장치에 의존적인 복잡한 부분을 감추고 사용자에게 논리적이고 장치에 독립적인 쉬운 사용 인터페이스를 제공하기 위해 존재한다. 예를 들면, 디스크 파일 같은 경우, 실제 입출력을 위한 접근은 트랙(track)이나 섹터(sector) 번호 등으로 해야 하지만 이처럼 복잡한 부분은 커널이나 라이브러리가 담당하고, 사용자에게는 디렉토리, 파일 이름 및 상대적 접근 위치(read-write offset)에 의한 논리적인 순차적 접근 방법을 제공한다. 또한, Sun사의 NFS 같은 경우는 원격 호스트의 파일에 대해 통일된 디렉토리 구조를 제공하여 일반 국부(local) 파일과 같이 접근할 수 있도록 한다. 이와 같은 파일 시스템의 일반적 기능은 다음과 같다.

- 논리적 입출력 접근 방법의 제공
- 파일의 보호
- 계층 구조적 디렉토리 구조의 제공
- 파일 시스템 형태에 독립적인 인터페이스의 제공(Virtual File System)
- 버퍼링(S/W caching)에 의한 빠른 접근

리눅스에서 제공되는 파일의 형태에는 다음과 같은 것들이 있다.

- 정규 파일(regular file) : 텍스트나 이진 파일 등, 커널에서는 구분이 없다.
- 디렉토리 파일(directory file) : 어떤 디렉토리에 속한 파일의 이름과 정보를 갖는 파일.(실제 디렉토리는 영역이 아닌 디렉토리에 속한 파일들의 정보 수록 파일이다.)
- 문자 특수 파일(character special file) : 문자 단위로 입출력하는 장비에 접근하기 위한 특수 파일로 일반 파일과 같은 논리적 접근 방법을 제공하기 위한 것이다.
- 블록 특수 파일(bock special file) : 블록 단위로 입출력 하는 장비에 접근하기 위한 특수 파일로 일반 파일과 같은 논리적 접근 방법을 제공하기 위한 것이다.
- FIFO 파일 : 프로세스들 사이에서 파이프(pipe) 통신을 하는 데 사용되는 파일. 부모 자식 프로세스 간에 사용하는 unnamed pipe와 혈통 관계가 없는 프로세스 간에 사용하는 named pipe가 있다.
- 간접 링크 파일(symbolic link 또는 soft link file) : 다른 파일로의 포인터를 갖는 파일

본 장에서는 이러한 파일 시스템의 내부 구조와 커널 수준에서 제공하는 파일 디스크립터(file descriptor) 입출력에 관해 설명한다. 표준 입출력 라이브러리와 파일 구조체에 의한 입출력들도 내부적으로는 파일 디스크립터 입출력을 사용하고, 추가로 사용자 수준의 버퍼링을 제공하는데, 본 교재에서 이 부분은 생략한다.

5.2 파일 시스템 inode

정규 파일(regular file)을 포함한 모든 리눅스의 파일은 그 파일에 관한 모든 정보를 수록하는 일종의 파일 헤더인 inode를 가진다. 리눅스 운영체제는 실질적으로 이 inode 정보에 의해 모든 파일에 대한 접근을 해결한다. 이러한 inode에는 일련 번호가 주어지고, inode는 디스크 파일 시스템의 특정 위치에 배열(array) 형태로 존재하므로, inode의 번호만 알면 파일에 접근하기 위한 모든 정보를 얻을 수 있다. 따라서 사용자가 지정한 모든 파일명(path name)은 커널 내부에서의 접근을 위해 inode 번호로 바뀌어야 한다. 즉 사용자에게는 디렉토리, 서브 디렉토리 및 파

일 이름에 의한 계층 구조적 파일 체계가 제공되지만, 커널 내부에서는 단일 계층 구조인 inode array를 사용하는 것이다. 이러한 inode 정보는 파일 시스템 유형(ext2, ufs, sysv, nfs, 등)에 따라 약간씩 차이가 나는데 다음은 일반적인 inode 내의 주요 정보를 요약한 것이다.

*inode 내의 정보

inode 번호;
파일 생성자 정보(owner, group user id);
파일 시간 정보(생성, 수정, 접근 시간)
입출력 장치 정보;
파일 크기 정보;
파일 lock 정보;
파일 type
파일 위치 정보;(디스크 파일인 경우, 각 데이터 블록의 디스크 위치 정보)
기타;

5.3 파일 시스템과 마운트(mount)

디스크 파일 시스템의 경우, 일반적으로 고정된 크기로 나누어진 디스크의 파티션(partition)은 하나의 독립된 파일 시스템을 구성한다. 이러한 파일 시스템은 부팅 과정에서 계층 구조적 디렉토리 구조의 한 디렉토리에 마운트(mount)될 수 있다. 즉 어떤 디스크 파티션의 root 디렉토리는 부팅 시, root 파일 시스템의 /usr 디렉토리에 연결될 수 있는데 이는 마운트를 통해 가능하다. 따라서 mount는 독립적인 파일 시스템을 하나의 계층 구조로 연결하는 데 사용되는 커널 함수이다. 그러나 부팅 시에 기본적으로 커널 이미지를 저장하고 있는 root file 시스템은 제공되어야 한다.

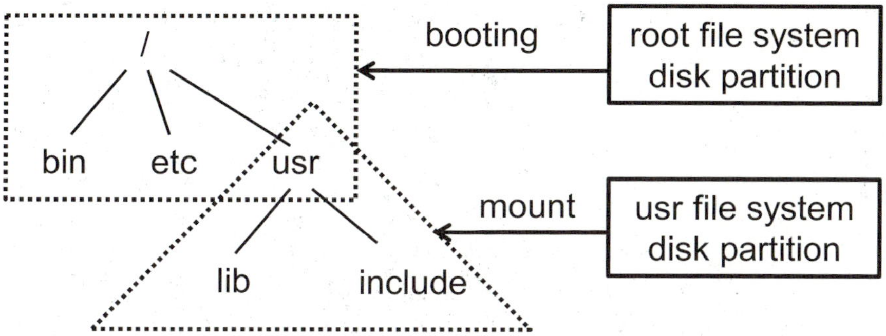

그림 5-1. 파일 시스템과 마운트의 개념

5.4 파일 시스템(파티션) 구조

하나의 파일 시스템을 구성하는 파티션은 다음과 같은 정보 블록들로 구성된다.

*Boot Block(Bootstrap Loader)

Super Block
free inode 정보
free disk block 정보

Inode Area
이 파일 시스템에 속한 file 들의 inode array

Data Area
디스크 데이터 블록들(각 블록의 크기는 파일 시스템 초기 생성 시 줄 수 있다.(일반적으로 4K bytes)

- Boot block : 부팅 시 kernel을 메모리로 적재하기 위한 bootstrap loader가 저장된다.
- Super block: inode area 내에 사용하지 않는 inode에 관한 정보와 사용하지 않는 data block에 관한 정보를 갖고 있다. free inode 정보는 파일의 생성이나 삭제 시에 사용되고 수정된다. 또한, free data block 정보는 파일의 데이터 블록 생성이나 삭제 시에 사용되고 수정된다.
- Inode Area : inode의 배열로 구성된다.
- Data Area : 실제 파일의 데이터 블록이 할당되는 장소이다.

5.4.1 inode 내의 파일 데이터 블록 정보

각 파일의 inode에는 파일에 관한 여러 정보가 저장되는데 이 중에는 파일을 구성하는 데이터 블록들의 위치 정보도 저장된다. 파일의 각 데이터 블록들은 디스크 데이터 영역에서의 자유로운 할당과 반환을 위해 물리적으로 흩어진 위치에 할당되는 것이 보통이다(uncontiguous allocation). 따라서 여러 블록으로 구성되는 디스크 파일에 접근하려면 파일을 구성하는 모든 블록의 디스크 블록 주소를 알아야 한다.

즉 inode는 이러한 디스크 블록 주소를 저장해야 하는데, 문제는 각 파일들의 크기(블록의 개수)가 일정치 않다는데 있다(inode area는 배열로 구성되므로 각 inode의 크기는 일정해야 한다). 이러한 문제를 해결하기 위해서 유닉스 및 리눅스 계열의 운영체제 들은 inode 내의 디스크 블록 주소 테이블은 일정한 개수의 포인터를 갖게 하고(13에서 15 개), 이들 중 일부는 또 다른 디스크 블록 주소 테이블을 포인트 하게 하는 indirection을 사용한다. indirection은 일반적으로 3 level까지 사용하는 것이 보통이다. 이러한 구조를 그림으로 도시하면 다음 〈그림 5-2〉와 같다.

위와 같은 디스크 블록 주소 테이블 구조는 inode의 크기를 일정하게 유지하면서 크기가 큰 파일의 뒤 부분에 있는 블록까지의 주소를 모두 알 수 있도록 하는 구조이다. Indirection에 의한 블록의 주소 찾기에서 필요한 포인터 블록들은 시스템 차원에서 메모리에 캐싱은 되지만, 뒷부분에의 접근 시에 디스크 입출력의 확률이 커지는 것은 당연한 결과가 된다. 특히 대형 파일에서 순차적 접근이 아닌 임

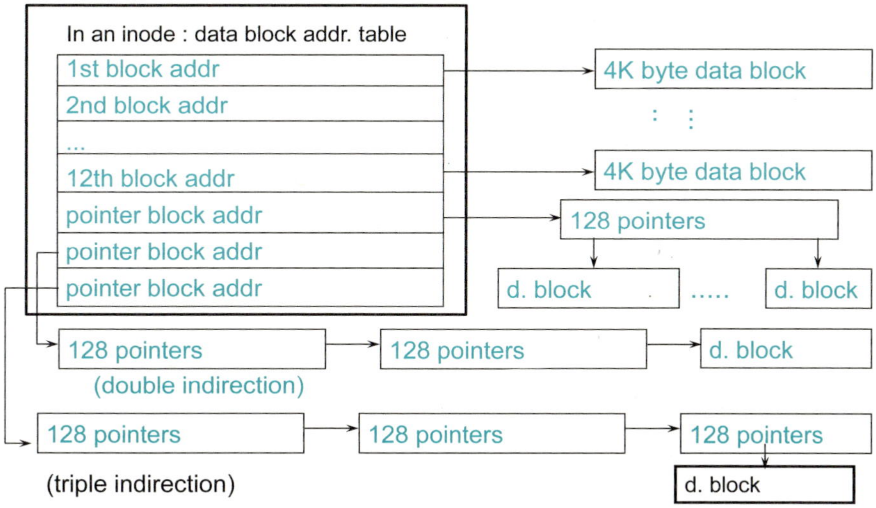

그림 5-2. inode 데이터 블록 포인터 테이블 구조

의 접근을 사용하는 경우 캐싱으로도 많은 포인터 블록을 감당하기 힘들어지고, 결과적으로 많은 디스크 입출력이 발생하여 속도의 저하를 가져오게 된다. 즉 위와 같은 구조는 임의 접근을 많이 사용하는 대형 데이터베이스의 기본 파일구조로는 적합하지 않다.

근래에는 대형 파일을 지원하기 위해 64bit offset을 지원하는 large file system도 제공되고 있다.

5.5 디렉토리 파일과 파일 접근

일반적으로 사용자에 의해 주어지는 파일의 이름은 path name이라 한다. 이는 파일의 이름 앞에 일련의 디렉토리 계층 구조가 붙기 때문이다. 예를 들면 "/direc_a/program.c"와 같은 경우이다. 파일 접근 시 앞의 directory path가 생략되는 것은 current directory 개념이 있기 때문이다. 모든 파일에의 접근을 위해서는 path name이 inode 번호로 바뀌어야 하는데 이는 디렉토리 파일을 이용함으로써 가능하다(디렉토리 파일은 자기 디렉토리에 소속된 파일의 이름과 inode 번호를 갖는 특수 파일이다). 원하는 파일의 inode 번호를 찾는 과정은 다음과 같다.

- root 디렉토리 파일은 inode 2번이고, 이에 의해 root 디렉토리 파일의 내용을 찾을 수 있다.
- root 디렉토리 파일의 내용 중에서 direc_a 파일의 inode 번호를 찾는다.
- direc_a의 inode 내의 블록 부속 테이블에 의해 direc_a 파일의 내용을 읽는다.
- direc_a의 파일 내용 중 program.c의 inode 번호를 찾아 이를 읽는다.
- program.c의 inode 내의 블록 주소 테이블의 내용으로 program.c의 내용에 접근할 수 있다.

이와 같은 과정을 그림으로 나타내면 다음과 같다.("/direc_a/program.c")

이와 같이 접근을 원하는 파일의 inode를 찾기 위한 과정을 path name

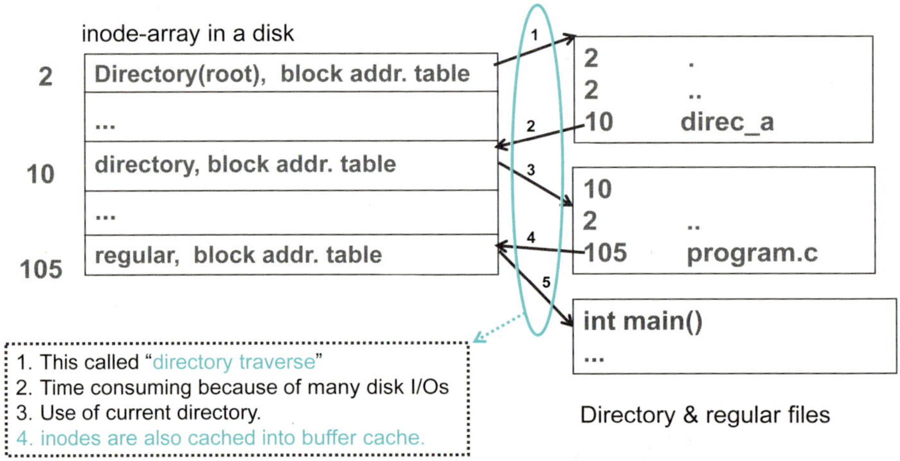

그림 5-3. 디렉토리 탐색에 의한 파일 접근

traverse 또는 inode lookup이라 한다. 그러나 매번 파일을 오픈할 때마다 이러한 과정을 반복하는 것은 많은 디스크 입출력을 유발하게 된다. 이러한 과정을 축소하고 디스크 입출력을 줄이기 위해 리눅스는 current working directory 정보를 가지고 있고, 또한, 자주 사용되는 파일 이름과 inode 번호를 저장하는 name cache를 사용하며, 메모리에 적재된 inode 자체를 버퍼링하는 inode cache 및 directory cache도 사용한다.

5.6 파일 입출력

파일에 대한 입출력은 standard I/O 라이브러리나 파일 시스템 호출 인터페이스에 의해 가능하다. 본 교재의 목적은 리눅스 커널을 이해하는 데에 더 중점을 두므로, standard I/O 라이브러리나 stream I/O의 기능은 생략하고 커널이 직접 제공하여 이들의 기반이 되는 file descriptor I/O에 대해서만 설명하기로 한다.

모든 파일에 대한 입출력은

- 파일 생성 또는 open
- 파일 입출력
- 파일 close

의 과정을 거쳐야 한다. 파일 입출력 이전에 반드시 파일을 open해야 하는 이유를 이해하기 위해 open의 기능을 살펴본다.

*open의 기능

- 파일의 존재 여부 또는 파일에 대한 올바른 접근 권한이 있는지 검사한다.
- 파일 접근 시에 항상 필요한 inode를 매 접근 시마다 디스크에서 참조하면 큰 오버헤드이므로 inode를 번호를 알아 inode의 내용을 메모리에 가져오고 파일의 사용 기간 중 메모리에 유지한다.

이처럼 파일을 open하게 되면 inode가 메모리에 적재되고 이를 프로세스와 연결하기 위한 커널 자료구조의 링크가 형성되는데, 이들은 태스크 구조체 내의 files 포인터에 의한 files_struct(프로세스별 open file table) 정보와 이 테이블의 각 open file table pointer array에 의한 file 구조체(system-wide open files) 정보 및 file 구조체가 포인트 하는 inocore inode 정보(system-wide)로 구성된다.(그림 5-4)

이들 중 주요 자료 구조의 의미는 다음과 같다.

*fs_struct

- close_on_exec : 일반적으로 exec 계열의 시스템 호출을 하면 새로 적재되는 프로그램은 open된 파일들을 그대로 유지한다. 그러나 이 flag가 set 되어 있으면 exec 실행 시 모든 파일을 close한다.
- fd[i] : 0부터 시작되는 file descriptor table이다. 0,1,2의 경우는 fork의 상속으로 stdin, stdout, stderr 파일로 이미 open 되어 있는 것이 보통이다.

*files 구조체

- f_pos : 파일 접근을 위한 논리적 read/write offset
- f_count: 여러 프로세스가 파일을 공유할 때의 reference count
- f_inode : inode inode pointer

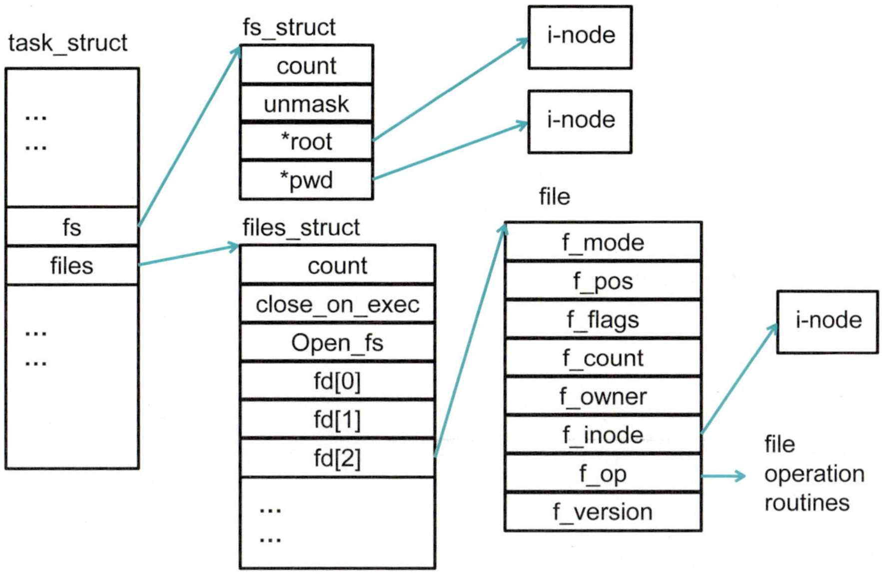

그림 5-4. 파일 open시의 관련 커널 자료구조

5.6.1 파일 입출력 함수

기본적인 파일 입출력 함수는 open, close, creat, read 및 write로 구성된다. 다음은 이러한 함수들에 대한 설명이다.

```
OPEN(2)
#include <sys/types.h>
#include <sys/stat.h>
#include <fcntl.h>

int open(const char *path, int flags);
int open(const char *path, int flags, mode_t mode);

   입력 값
      path : 열고자 하는 파일의 이름(경로명 포함)
      flags : 여는 파일에 적용될 선택사항
```

```
    mode : 파일 생성 시의 access permission 모드
반환 값
    정상 : 파일 식별자
    에러 : -1
```

flags는 구성의 주요 option은 다음과 같다.

O_RDONLY : 읽기 전용 모드
O_WRONLY : 쓰기 전용 모드
O_RDWR : 읽기 쓰기 모드
O_CREAT : 파일 부재 시, 파일 생성
O_TRUNC : 파일이 있으면 모든 내용 삭제 후 처음부터 접근
O_APPEND : 파일의 기존 내용 뒷부분부터 쓰기

```
CLOSE(2)
#include <unistd.h>

int close(int fildes);

  입력 값
    fildes : 닫고자 하는 파일 식별자
  반환 값
    정상 : 0
    에러 : -1


OPEN(2)
#include <sys/types.h>
#include <sys/stat.h>
#include <fcntl.h>

int creat(const char *path, mode_t mode);
```

```
    입력 값
      - path : 생성하고자 하는 파일 이름(경로명 포함)
      - mode : 파일 생성 시 모드
    반환 값
      - 정상 : 파일 식별자
      - 에러 : -1

READ(2)
#include <unistd.h>

ssize_t read(int files, void *buf, size_t nbyte);

    입력 값
      - fildes : 읽어 들이고자 하는 파일의 식별자
      - buf : 읽어 들일 버퍼
      - nbyte : 읽어 들일 바이트 수
    반환 값
      - 정상 : 읽어 들인 바이트 수
      - 에러 : -1
```

위 read 함수에서 읽어 들인 byte의 수가 0으로 return 되면 이는 EOF(end of file)을 의미한다.

```
WRITE(2)
#include <unistd.h>

ssize_t write(int fides, const void *buf, size_t nbyte);

    입력 값
      - fildes : 기록하고자 하는 파일의 식별자
      - buf : 기록하고자 하는 내용을 담고 있는 버퍼
      - nbyte : 기록하고자 하는 바이트 수
    반환 값
      - 정상 : 기록한 바이트 수
      - 에러 : -1
```

다음 프로그램은 위와 같은 시스템 함수들을 이용하여 한 파일을 다른 파일로 복사하는 프로그램 예제이다.

```
#include <sys/types.h>
#include <sys/stat.h>
#include <fcntl.h>
#include <stdlib.h>  /* exit() */

#define BUFFER_SIZE 1024

int main(int argc, char * argv[])
{
    int fdin, fdout, n;
    char buf[BUFFER_SIZE];

    if( argc != 3) {
            perror( argv[0]);
            exit(1);
    }

    if ((fdin = open( argv[1], O_RDONLY)) == -1) {
            perror ( argv[1]);
            exit(1);
    }

    if(( fdout = open( argv[2], \
            O_WRONLY | O_CREAT | O_TRUNC,\
            S_IRUSR | S_IWUSR)) == -1) {
            perror ( argv[2]);
            exit(1);
    }

    while ((n= read(fdin, buf, BUFFER_SIZE)) != 0)
            write(fdout, buf, n);

    close(fdin);
    close(fdout);
}
```

위의 파일 복사 프로그램에서 한 번에 읽는 사용자 버퍼의 크기는 1024로 되어 있다. 커널 차원에서 디스크 버퍼링을 제공하므로 이 버퍼의 크기와 디스크 입출력의 횟수는 대부분 무관하다. 그러나 시스템 호출 자체를 적게 하고 버퍼링에 의한 커널 내부의 디스크 입출력이 복잡해지지 않도록 한 번에 읽어 오는 크기는 가능하면 물리적 블록 크기의 배수로 하는 것이 프로그램의 실행 속도를 빠르게 한다.

5.7 파일에의 임의 접근(Random Access)

위에서 설명한 read나 write 시스템 호출은 기본적으로 read/write offset에 의한 순차적 접근 방식을 제공한다. 리눅스는 이와 함께 어떤 파일을 같은 크기의 레코드 단위로 레코드 순번(위치)에 의해 접근하는 임의 접근 방식(random access)도 제공하는데 이때 사용되는 함수가 lseek이다. lseek 함수는 파일의 현재 read/write offset을 원하는 위치로 바꾸어 그 위치에서부터 파일에 접근할 수 있도록 한다. 다음은 lseek 함수의 설명이다.

```
LSEEK(2)
#include <sys/types.h>
#include <unistd.h>

off_t lseek(int fildes, off_t offset, int whence);

    입력 값
        - filedes : 열린 파일 식별자
        - offset : 설정하고자 하는 위치
        - whence : 초기 위치에 대한 값
    반환 값
        - 정상 : 새로운 파일 offset
        - 에러 : -1
```

whence	lseek에서의 의미
SEEK_SET	주어진 offset 값과 같은 위치에 파일 위치 설정
SEEK_CUR	주어진 offset 값과 현재 offset의 합을 파일 위치로 설정
SEEK_END	주어진 offset 값과 파일의 현재 크기의 합을 파일 위치로 설정

다음 프로그램은 record 구조체에 의해 정의되는 레코드(record) 1024개를 가진 파일에 대해 레코드의 순번으로 임의 접근을 수행하고 읽기/삽입/수정을 실행하는 프로그램 예제이다.

```
#include <stdio.h>
#include <sys/types.h>
#include <sys/stat.h>
#include <fcntl.h>

#define NUM_RECORDS 1024

struct record{
        int id;
        char name[20];
};


void input_record_contents(struct record *current);

int main()
{
        struct record current;
        int record_no;
        int fd, pos, i,n;
        char yes;
        fd = open("testdata", O_RDWR|O_CREAT, S_IRUSR|S_IWUSR);
```

```
        current.id = -1;      // empty record
        // initialize with empty record
        for (i = 0; i < NUM_RECORDS; ++i)
            write (fd, &current, sizeof(struct record));

        printf("enter record number\n");
        scanf("%d%*c", &record_no);

        while(  record_no >= 0 && record_no <  NUM_RECORDS) {
            pos = record_no * sizeof(struct record);
            lseek(fd, pos, SEEK_SET);

            n  = read(fd, &current, sizeof(struct record));

            if (current.id == -1)
                printf("record empty\n");
            else {
                printf("record id = %d\n",current.id);
                printf("name=%s \n",current.name);
            }

            printf("update or insert? yes = y\n");
            scanf("%c%*c", &yes);

            if (yes ==  'y') {
                printf("enter new contents\n");
                input_record_contents(&current);
                lseek(fd, pos, SEEK_SET);
                write(fd, &current, sizeof(struct record));
            }

            printf("enter next record number, -1 = EXIT\n");
            scanf("%d%*c", &record_no);
        }
        close(fd);
        return 0;
}
```

```
void input_record_contents(struct record *current)
{

        printf("record id = ");
        scanf("%d%*c", &(current->id));

        printf("name= "  );
        scanf("%s%*c", &(current->name));
}
```

위의 예에서 레코드의 번호를 입력받아 lseek와 read 후, 이 레코드에 다시 수정된 내용을 입력할 때에는 다시 lseek를 하여야 함에 주의 하여야 한다. 이는 read에 의해 offset이 레코드의 크기만큼 앞으로 나갔기 때문이다. 또한, 입력하는 레코드 번호가 마지막에 저장된 레코드의 번호보다 클 때에 lseek와 read를 수행하면 EOF로 반환되므로 통상 최대 레코드의 수를 정하고 마지막에는 마지막 표시 레코드를 미리 삽입해두어야 한다.

5.8 파일의 제어

open된 파일에 대해 여러 가지 상태를 설정하거나 조사할 때에 대표적으로 사용되는 함수로 fcntl이 있다. 다음은 그 기능과 예제이다.

```
FCNTL(2)
#include <unistd.h>
#include <fcntl.h>

int fcntl(int fd, int cmd);
int fcntl(int fd, int cmd, long arg);
int fcntl(int fd, int cmd, struct flock *lock);  // file lock
에서 설명

    입력 값
       - fd : 제어하고자 하는 파일 descriptor
       - cmd : 원하는 파일 제어
       - arg : cmd 인수에서 필요한 값
    반환 값
       - 정상 : cmd에 따른 값
       - 에러 : -1
```

*cmd

- F_DUPFD : dup, arg로 주어진 번호보다 크거나 같은 값에서 dup, 새로운 file descriptor 반환
- F_GETFD : close_on_exec flag 조사, flag의 값 return
- F_SETFD : close_on_exec flag를 arg에 따라 set, 0을 return
- F_GETFL : 파일 상태 flag return
- F_SETFL : 파일 상태 flag set(O_APPEND, O_NONBLOCK, O_ASYNC, O_DIRECT flag), 0을 return

다음 예제 프로그램은 fcntl을 이용하여 이미 오픈된 stdout 파일을 다른 식별자로 복사하는 예제이다. 이처럼 일반적으로 fcntl은 대부분의 다음 파일 관련 함수의 기능을 수행할 수 있는 일반적 API이다.

```
#include <stdio.h>
#include <sys/types.h>
#include <fcntl.h>
#include <unistd.h>
#include <stdlib.h>
#include <string.h>

#define MESSAGE "message to stdout \n"

int main(void)
{
        int newfd;

        if(( newfd = fcntl( STDOUT_FILENO, F_DUPFD, 3)) == -1) {
            perror("fcntl");
            exit(1);
        }

        close(STDOUT_FILENO);
        write(3, MESSAGE, strlen(MESSAGE) ); // 실제 모니터로 출력됨
        return 0;
}
```

다음 프로그램은 fcntl을 이용하여 파일의 open된 상태 중 CLOSE_ON_EXEC flag를 조사하는 프로그램이다. CLOSE_ON_EXEC이 설정되어 있으면 exec 계열 함수 호출 시, 이미 열려 있던 파일들은 모두 close 된다.

```
#include <stdio.h>
#include <sys/types.h>
#include <fcntl.h>
#include <unistd.h>
#include <stdlib.h>

int main (void)
{
        int flag;

        // read the close-on-exec flag
        if(( flag = fcntl( STDIN_FILENO, F_GETFD)) == -1) {
            perror("fcntl");
            exit(1);
        }

        printf("close on exec flag = %d\n", flag);
        return 0;
}
```

fcntl을 이용한 비대기 입출력(Non-blocked IO)에 관해서는 pipe에 관한 장에서 설명한다.

연습 문제

1. 파일의 record는 다음과 같다.

```
struct student {
    char name[10];
    int student_num; // 0 - 99
};
```

record는 student_num의 순으로 저장된다고 할 때, 학생의 번호를 받아 이를 출력하고 원하면 record의 내용을 갱신하는 프로그램을 작성하시오.

2. 크기가 비교적 큰 파일을 다른 파일로 복사하는 프로그램을 작성하시오. 이때 한 번의 read/write. 단위를 1byte, 10 bytes, 512 bytes, 513 bytes 단위로 각각 해보고 각각의 경우의 실행 시간을 비교하시오.

참고문헌

1] K. Haviland, UNIX System Programming(2E), Addison Wesley,
2] 안성진 외, 리눅스 프로그래밍 기술, 양서각, 2001
3] 김정국, 시스템 프로그래밍 강의노트, 한국외대

제6장

메모리 관리

리눅스 운영체제의 메모리 관리는 기본적으로 페이징을 기반으로 한 가상 메모리 시스템(Virtual Memory System)을 지원한다. 가상 메모리 시스템은 다음과 같은 특징을 가진다.

- 실제 물리적 메모리의 크기에 관계없이 CPU의 형태에 따른 주소공간을 사용할 수 있다. 예를 들면 32bit 주소 공간을 제공하는 CPU의 경우 4GB의 공간에서 커널이 가상적으로 차지하는 1GB의 공간을 제외한 3GB의 공간에 해당하는 크기의 프로그램을 실행시킬 수 있다.
- CPU의 명령어 수행 시마다 계산되는 가상 주소는 MMU(Memory Management Unit) HW와 커널의 기능으로 실제 물리 메모리 주소로 변환된다.
- 프로그램들의 크기가 크고 또한, 여러 실행 중인 프로세스의 공간은 실제 메모리의 크기를 초과할 수 있으므로 실행 중 필요한 프로그램의 부분 부분만을 메모리에 적재하여 실행하고 나머지 부분은 디스크에 존재하게 된다. 필요한 부분에 대한 메모리 적재 및 디스크로의 퇴출은 일정 크기의 페이지 단위로 일어나는데 이를 페이징(paging)이라 한다.
- 실행 가능 형태의 프로그램은 해당 프로세스가 실행되어도 디스크 파일에 남아 있으며 필요한 페이지가 메모리에 없을 때(page fault), 페이지 단위 적재를 수행한다. 이를 요구 페이징(demand paging)이라 한다. 메모리의 부족으로 적재된 페이지를 디스크로 퇴출(page replacement)할 때, text는 변화하지 않고 실행 파일 내에 있으므로 그

대로 다른 페이지를 위해 활용하고, data나 stack에 속한 페이지와 같이 메모리 적재 후 변화하는 페이지는 디스크의 특별 공간인 swap 장치에 일시 저장한다.

- 리눅스 운영체제는 메모리 병목 현상을 피하려고 항상 일정량 이상의 물리적 free 페이지를 유지한다.
- 페이지 폴트 시에 매번 디스크 파일이나 swap 공간에서 페이지를 읽어오는 disk IO 오버헤드를 완화하기 위해 리눅스는 여러 가지 페이지 버퍼링 기법을 사용한다. 즉 교체되어 퇴출당하는 페이지나 페이지 공유 시에 이들을 SW 적인 페이지 캐시에 유지하여 재사용을 시도한다.
- 커널이 일단 부팅되면 초기 단계에 가상 메모리 시스템이 활성화되어 커널 자신도 가상 메모리 시스템하에서 실행된다.
- 모든 실행 중인 가상 페이지들의 주소를 실제 메모리 주소로 변환하기 위해 커널 및 각 프로세스마다 페이지 테이블이 유지된다. 페이지 테이블은 매 가상 페이지마다 pte(page table entry)들로 구성되는데 각 pte는 가상 페이지의 메모리 적재 여부와 메모리에 적재된 페이지의 경우, 실제 메모리의 주소를 가진다.

6.1 프로세스의 가상 주소 공간

이러한 가상 메모리 시스템하에서 사용자는 실제 메모리의 레이아웃에 관계없이 연속된 프로세스의 가상 주소 공간을 사용하고 접근하게 된다. 예를 들면 정수 변수 ix의 주소인 &ix를 프린트해 보면 이는 가상 주소 공간에서의 값이며 실제 프로세스의 물리적 메모리 레이아웃에 따른 변화가 없음을 알 수 있다. 프로세스의 전형적인 가상 주소 공간은 다음과 같이 구성된다.

***Text Area**

CPU가 실행하는 명령어로 구성되는 영역으로 읽기 전용으로만 접근이 허용되므로 프로세스의 실행 중 변화가 없다. 메모리 퇴출 시에도 디스크 파일에 존재한다.

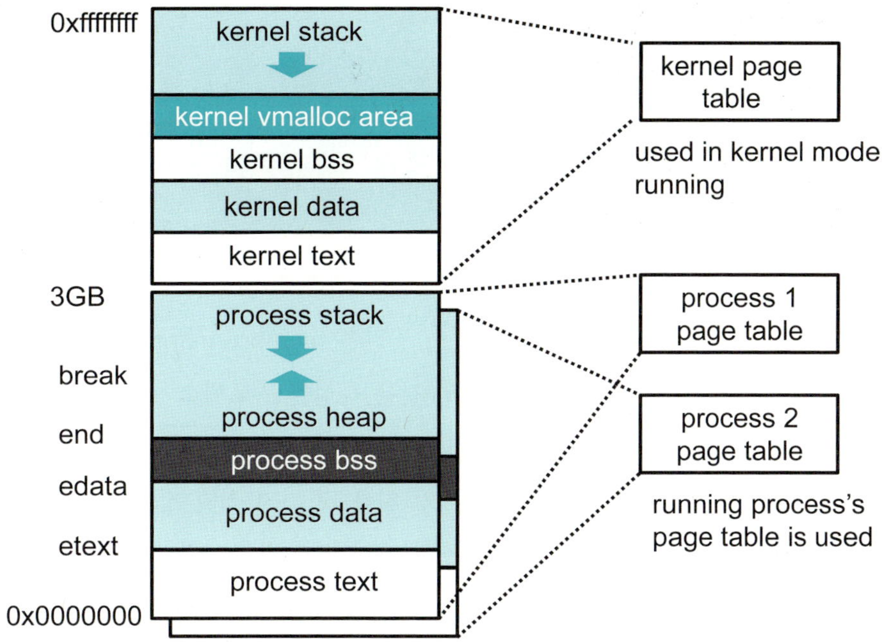

그림 6-1. 프로세스 및 커널의 가상 공간 구성

***Data Area**

초기화된 데이터 영역과 초기화되지 않은 데이터 영역으로 구분되며 메모리 적재 후 변화된 부분은 메모리 퇴출 시에 swap 공간으로 가게 된다.

***Heap Area**

프로세스 실행 중에 malloc, new 등의 동적 메모리 할당 요구를 수용하는 데이터 영역 공간이다. break 값에 의해 그 끝을 나타내며 공간 부족 시에 주소가 커지는 방향으로 확장된다.

*Stack Area

함수 내에서 할당되는 automatic 변수들이나 함수 호출 시에 run-time stack frame(함수가 호출될 때의 반환 주소, 환경정보 등) 등으로 할당되는 공간이다. 주소가 작아지는 방향으로 확장된다.

그 외에도 프로세스를 위한 가상 주소 공간은 memory mapped file, shared memory 공간 등 여러 형태가 있다. 위와 같은 특성별 프로세스 주소 공간은 세그먼트(segment), 리전(region) 등으로 부르기도 한다.

다음은 프로세스 주소 공간을 알아보기 위한 몇 가지 커널 정의 변수 및 함수에 관한 내용이다. brk 함수는 프로세스의 가상 메모리 공간에서 힙 영역의 끝인 break 값을 설정하는 기능을 수행한다. sbrk는 세그먼트의 증자분을 반영한다. 이러한 증가한 공간은 heap 영역으로 사용되는데 이러한 데이터 세그먼트의 증가는 일반적으로 동적 메모리 할당인 malloc에 의해 필요할 때 일어나므로 사용자가 직접 brk나 sbrk를 사용하는 것은 권장되지 않는다.

```
BRK(2)
#include <unistd.h>
int brk(void *end_dat_segment);

    입력 값
        - end_data_segment : 설정하고자 하는 break값
    반환 값
        - 정상 : 0
        - 에러 : -1

BRK(2)
#include <unistd.h>
int *sbrk(ptrdiff_t increment);
```

```
입력 값
    - increment : 현재의 break값에 더해지는 값
반환 값
    -정상 : 이전의 break값
    -에러 : -1
```

다음은 관련 예제 프로그램으로 프로세스의 각 공간을 알아본다.

```
#include <unistd.h>
#include <stdio.h>
extern etext, edata, end;
int main(void)
{
        char *break_point;
        printf("exext value : %x\n", &etext);
        printf("edata value : %x\n", &edata);
        printf("end value : %x\n", &end);
        break_point = sbrk(0);
        printf("current break value -> %x\n", break_point);
}
```

6.2 동적 메모리 할당

```
int  a, b, *p, r[100];
int main ()
```

위와 같이 C 문장에서 전역 변수를 위한 공간이 선언되었다면 이 변수들을 위한 공간의 레이아웃은 컴파일 시간에 결정되는 것이다. 또한, 함수 내의 automatic 변수들은 실행 시간의 스택(stack)에 할당된다. 이와 같은 형태와는 달리 프로세스의 실행 시간에 사용자가 동적으로 메모리 공간을 할당받을 수 있는데 이의 대표적인 예는 C 언어의 malloc/calloc 함수 종류와 C++의 new와 같은 객체 할당 연산자를 들 수 있다. 이러한 동적 메모리의 할당 및 반납은 힙(heap) 공간에서 이루어지는데 일반적으로 커널과 관련 라이브러리는 요구 공간의 적절한 크기 별 할당과 반환을 쉽게 하려고 적절한 동적 메모리 관리 알고리즘을 사용한다. 다음은 사용자를 위한 동적 메모리 할당 함수들에 대한 설명이다.

```
MALLOC(3)
#include <stdlib.h>
void *malloc(size_t size);

    입력 값
        - size : 메모리 할당 요구 바이트 크기
    반환 값
        - 정상 : 메모리 블록으로의 포인터
        - 에러 : NULL
```

malloc은 원하는 byte 크기의 연속된 공간을 가상 메모리에서 할당하여 그 주소를 반환한다.

```
MALLOC(3)
#include <stdlib.h>
void *calloc(size_t nmemb, size_t size);

    입력 값
        - nmemb : 할당을 원하는 단위 수
        - size : 메모리 구성요소의 단위 크기
    반환 값 : 없음
```

calloc 함수는 일정 크기의 element를 원하는 개수만큼 할당한다.

위와 같은 함수들을 사용하여 할당된 공간은 사용 완료 시에 재사용을 위해 시스템에 반환하여야 하며, 이때 사용되는 함수가 free이다. 시스템에의 반환 없이 이러한 동적 메모리 할당을 계속하면 결국에는 가상 메모리 공간이 부족하게 되어 메모리 부족의 오류가 발생하게 된다.

```
MALLOC(3)
#include <stdlib.h>

void free(void *ptr);

    입력 값
        - ptr : 반환을 원하는 메모리 블록의 포인터
    반환 값 : 없음
```

다음은 간단한 malloc과 free의 사용 예제 프로그램이다.

```
#include <stdio.h>
#include <string.h>
#include <stdlib.h>    /* malloc() */

struct record {
        int no;
        char name[20];
};

int main(void)
{
        struct record *ptr;
        ptr = (struct record*)malloc( sizeof (struct record));
        if( ptr) {
            ptr-> no = 1;
            strcpy ( ptr->name, "RTDCS");

            printf("record id %d\n", ptr->no);
            printf("record name %s\n", ptr->name);
        }
        free( ptr);
        return 0;
}
```

이미 할당된 동적 메모리 공간을 다른 크기의 공간으로 재활용하고자 할 때 realloc을 사용한다. malloc 등의 할당 함수들에 의해 할당된 연속 메모리 공간은 커널이 정하는 정해진 여러 크기의 블록 단위로 할당되기 때문에 반드시 원했던 크기만큼 할당 되는 것이 아니라 더 큰 크기로 할당되는 것이 대부분이다. 따라서 realloc은 이미 할당된 크기의 공간이 새로운 요구 크기를 수용할 수 있으면 이미 할당된 공간을 그대로 재활용되고 그렇지 않을 때에는 예전 공간은 반환되고 새로운 공간이 할당된다. 재활용되는 공간에는 예전의 값들이 보존된다.

```
MALLOC(3)
#include <stdlib.h>

void *realloc(void *ptr, size_t size);  // 기존 할당 부분 재사용

    입력 값
      - ptr : 메모리 블록으로의 포인터
      - size : 재할당하려는 전체 바이트 크기
    반환 값
      - 정상 : 할당된 블록으로의 포인터
      - 에러 : NULL
```

malloc 종류의 함수들에 의해 할당된 공간은 메모리 공간의 고갈을 방지하기 위해 free를 통해 반납하는 것이 안전하다. 그러나 통산 매우 큰 프로그램에서는 할당된 메모리의 반환을 하지 않는 실수를 범하는 경우가 많으며 이 경우 수행 기간이 길어지면 문제가 발생하게 된다. alloca 함수는 함수의 stack frame에 요구된 공간을 할당하므로 함수에서의 return 시에 공간이 자동 해제되는 장점이 있다. 단 이러한 공간은 같은 함수 내에서만 사용할 수 있다.

```
ALLOCA(3)
#include <alloca.h>

void alloca(size_t size);   // stack으로 부터 할당
                              // function return 시 자동 해제

    입력 값
      - size : 할당을 받으려는 바이트 크기
    반환 값
      - 정상 : 할당된 블록으로의 포인터
      - 에러 : NULL
```

다음은 여러 가지 동적 메모리 관련 함수의 사용 예제 프로그램이다.

연습 문제

1. 프로그램 시작과 함께 break의 값을 출력해 보고 malloc을 하면서 이 값이 어떻게 변화하는지 출력하는 프로그램을 작성하시오.
2. 2차원 배열 int array[1000][1000]을 모두 0으로 초기화 하는 프로그램은 중첩 for loop으로 작성하되 한 프로그램은 column major order로 또 한 프로그램은 row major order로 중첩 loop을 작성하여 두 프로그램의 실행 시간을 비교하시오. 이 두 프로그램의 실행 시간에 차이가 있다면 그 원인은 무엇인지 의견을 말하시오.

참고문헌

1] K. Haviland, UNIX System Programming(2E), Addison Wesley,
2] 안성진 외, 리눅스 프로그래밍 기술, 양서각, 2001
3] 김정국, 시스템 프로그래밍 강의노트, 한국외대

제7장

메모리 사상 파일(Memory Mapped file)

7.1 개요

리눅스 운영체제에서는 입출력 장치나 파일의 내용을 프로세스의 가상 주소 공간으로 사상(mapping)하여 입출력의 편의성 및 접근 속도를 증가시키는 기법이 제공되는데, 이를 메모리 사상 입출력(memory mapped I/O)이라 하고 이와 관련된 파일을 메모리 사상 파일(memory mapped file)이라 한다. 이와 같은 기법은 일반 read나 write 시스템 호출에서의 커널 버퍼에서 사용자 버퍼로의 복사 대신에, 사상된 사용자 주소 공간의 페이지에 직접적인 버퍼링을 하므로 일반적으로 향상된 접근 시간을 제공한다. 즉, 이와 같은 사상 기법을 사용하면 파일로의 입출력이 메모리로의 입출력이 되며, 프로세스는 파일에 대한 읽기/쓰기 작업을 하지 않고 변수, 포인터, 배열 등을 사용하여 파일의 내용에 접근할 수 있다.

이와 같은 파일의 주소 공간에 대한 사상은 mmap(2) 시스템 호출로 가능하다. 일단 파일을 메모리로 사상하면 운영체제는 가상메모리 시스템을 이용하여 파일을 메모리로 옮기고 메모리의 내용이 바뀌면 변한 내용을 다시 파일로 옮긴다.

```
MMAP(2)
#include <sys/mman.h>

void * mmap(void *start, size_t length, int prot, int flags,
int fd, off_t offset);
```

설명
    mmap 함수는 fd로 지정된 파일(또는 다른 객체)에서 offset을 시작으로 length 바이트 스트림 만큼을 start에서 시작하는 프로세스의 가상 기억 공간에 대응시킨다. 이 start 주소는 단지 그 주소로 했으면 좋겠다는 뜻이며, 0으로 지정하여 커널의 안배에 따르는 것이 보통이다. 커널이 선택한 사상된 가상 주소 공간의 주소가 반환된다.
입력 값
    start : 프로세스의 주소공간에서 사상을 원하는 시작 주소
    length : 사상시키고자 하는 크기
    prot : 사상된 공간의 접근 권한
    flags : 사상된 공간의 처리
    fd : 사상시키고자 하는 파일의 식별자
    offset : 사상시키고자 하는 파일의 시작 위치. 반환 값
반환
    정상 : 실제로 사상된 프로세스 공간의 시작주소
    에러 : MAP_FAILED(-1)

start, offset, length는 page 크기의 배수이어야 한다. host 기계의 page의 크기는 getpagesize() 함수로 얻을 수 있다.

입력 인수로 주어지는 prot은 사상된 주소 공간의 보호 특성을 다음과 같이 지정하는 데 사용된다.

- PROT_READ : 읽기 전용, PROT_WRITE : 읽기/쓰기 용
- PROT_EXEC : 실행 가능, PROT_NONE : 접근 불가

flags 인자는 사상된 객체의 타입, 대응 옵션들, 사상된 공간에 대한 수정이 그 프로세스에만 보일 것인지 또 다른 참조하는 프로세스와 공유할 것인지를 설정한다. flags의 해당 비트들은 다음과 같다.

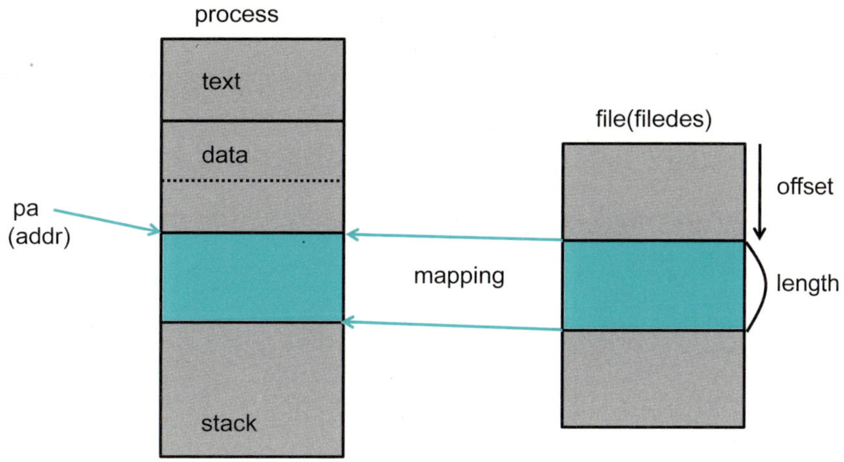

그림 7-1. mmap에 의한 파일과 주소 공간 사상

- MAP_SHARED : 프로세스 사상공간의 변경 시 파일이나 장치에 반영.
- MAP_PRIVATE : 프로세스 사상 공간 변경 시, 본래의 파일이나 장치에는 영향을 미치지 않음.
- MAP_FIXED : 반드시 주어진 addr에 mmap(2) 할당 요구

먼저 이해가 간단한 MAP_FIXED에 대해 설명한다. MAP_FIXED는 주어진 start 주소에의 사상이 불가능할 경우 오류를 반환한다. MAP_FIXED를 사용할 경우, start 주소는 시스템 page 크기의 배수가 되어야 한다. 특수한 경우가 아니면 MAP_FIXED는 사용하지 않은 것이 좋다.

같은 파일이나 장치를 사상하는 다른 프로세스와 사상 파일 객체를 공유한다. 이러한 공유의 의미는 한 프로세스가 사상된 공간을 변화시키면 이 변화는 그대로 다른 프로세스에도 적용됨을 의미한다. 즉, 파일에 사상한 경우에 사상된 공간에의 쓰기는 파일에 쓰기를 실행하는 것과 같다. 따라서 이러한 MAP_SHARED 옵션은 프로세스 간의 통신(IPC)에도 사용될 수 있다.

MAP_PRIVATE는 프로세스 실행 중 사상 공간을 이종의 사본으로 사용한다. 따라서 쓰기 연산 시에 사상된 공간은 변경되나 본래의 파일이나 장치에는 영향을 미치지 않는다.

주소 공간에 대한 사상을 해제할 때에는 다음의 함수를 사용한다.

```
MMAP(2)
#include <sys/mman.h>

int munmap(void *start, size_t length);
```

설명

munmap은 start부터 start+length까지의 메모리 사상을 부분적으로 해제한다. 해제에 성공하면 함수는 0을 반환하고 실패하면 -1를 리턴한다. 실패 원인은 errno에 저장된다.

입력 값

start : 프로세스의 주소 공간에서 해제되는 시작 주소

length : 해제시키고자 하는 크기

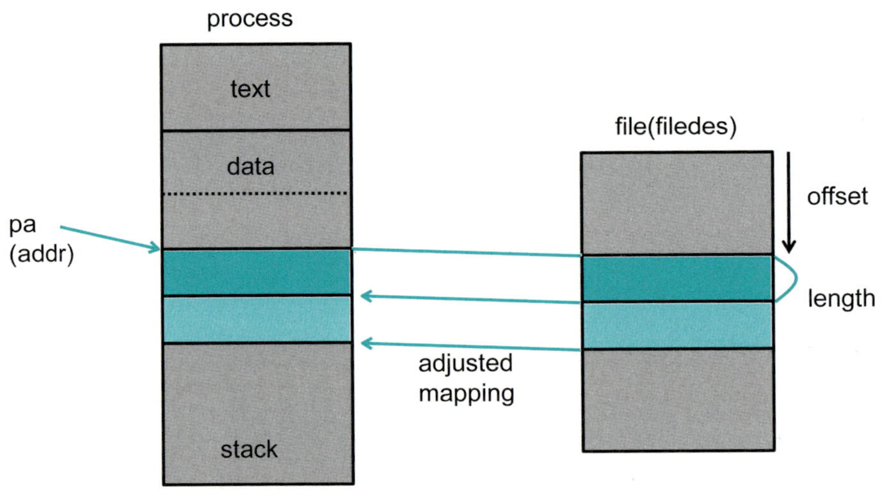

그림 7-2. munmap을 사용한 사상 공간의 일부 해제

mmap을 이용하여 파일로 사상되었던 공간은 munmap에 의해 전체 해제나 부분 해제가 가능하다. 〈그림 7-2〉는 사상된 메모리 공간의 부분 해제를 보여 주고 있다.

parent 프로세스에 의해 사상된 주소 공간은 fork에 의한 child 생성 시, 그대로 상속된다. 이와 같은 특성은 프로세스 간의 통신에도 사용될 수 있다.

다음의 예제 프로그램은 기존하는 파일을 메모리 사상을 이용하여 복사하는 내용을 보여준다. 단 다음의 예제는 fork에 의한 통신 내지는 병행 작업의 특성을 보여주기 위해 사상된 파일을 절반씩 나누어 병행으로 복사한다.

***메모리 사상 입출력에 의한 병행 프로세스의 파일**

```
//메모리 사상 입출력에 의한 병행 프로세스의 파일
#include <stdio.h>
#include <sys/types.h>
#include <sys/stat.h>
#include <sys/mman.h>
#include <fcntl.h>
#include <string.h>
#include <stdlib.h>

#define OPEN_MODE      S_IRUSR|S_IWUSR
#define _POSIX_MAPPED_FILES

void error_exit( char* message );

int main()
{
        int fdin, fdout;
        char * src, * dst;
        struct stat statbuf;
        int filesize;

        fdin = open("input",O_RDONLY);
```

```
fdout = open("output", O_RDWR | O_CREAT | \
                            O_TRUNC, OPEN_MODE);

printf("fdout = %d\n", fdout);
printf("open succ\n");

fstat(fdin, &statbuf);
filesize = statbuf.st_size;
printf("source file size = %d\n", filesize);
lseek(fdout, filesize-1, SEEK_SET);
write(fdout, " ", 1);

if((src = (char *)mmap((void *)0, filesize,
        PROT_READ, MAP_SHARED, fdin, 0)) == MAP_FAILED)
    error_exit("mmap 1 failed");

if((dst = (char *)mmap((void *)0, filesize, PROT_WRITE |
      PROT_READ, MAP_SHARED, fdout, 0)) == MAP_FAILED)
    error_exit("mmap 2 failed");

printf("mmap success\n");
fflush(stdout);

if (fork() == 0) {        // child process
    memcpy (dst, src, filesize/2);
    munmap(src, filesize);
    munmap(dst, filesize);
    exit(0);
}

memcpy (dst+filesize/2, src+filesize/2, filesize - filesize/2);
wait();
printf("copied file  = %20s\n", dst);
munmap(src, filesize);
munmap(dst, filesize);

return 0;
```

```
}

void error_exit( char* message )
{
        fprintf(stderr, "%s\n", message);
        exit (-1);
}
```

위의 예에서, 소스 파일의 크기를 알아내고, 복사되는 타겟 파일에 대해 lseek 연산을 통해 파일의 마지막 부분에 write를 수행한 것은 다음과 같은 이유에서이다. 타겟 파일이 일단 생성되었어도 실질적으로 그 내용은 존재하지 않으므로 크기는 0이고 이와 같은 파일에 대해 그보다 큰 크기의 주소 공간을 사상하는 것은 불가능하다. 따라서 타겟 파일에 사상하려면 파일의 마지막 부분에 write를 실행하여 소스 파일과 같은 크기로 만든 후 사상하여야 한다.

MAP_SHARED에 의한 사상 후에 fork를 수행하게 되므로 parent와 child는 각각의 주소가 같은 영역을 같은 파일 영역으로 사용할 수 있다.

일단 메모리 사상이 완료되면 파일에 대한 읽기나 쓰기는 메모리 접근으로 가능하다. 이를 위해 위 예제에서는 memcpy를 사용하고 있다.

7.2 기타 함수들

다음은 이와 같은 메모리 연산 관련 함수에 대한 설명이다.

```
MEMCPY(3)
#include <string.h>

void *memcpy(void *dest, const void *src, size_t n);

    설명
       memory영역 src에서 memory영역 dest로 n크기 만큼 복사한다.

    입력 값
       - dest : 복사되는 메모리 영역
       - src : 복사하고자 하는 메모리 영역
       - n : 복사하고자 하는 메모리 영역의 크기
    반환 값 : dest
```

이 이외에도 memset, memmove, memcmp, memchr 등의 함수가 기능에 따라 제공된다.

주소 공간에 사상된 후에 기록한 파일의 내용은 가상 메모리 관리의 목적으로 일어나는 버퍼링(캐싱) 때문에 disk의 내용과 일치하지 않을 수 도 있다(delayed write). 메모리에 기록한 내용과 파일 내용의 일치를 그때그때 보장하기 위해서는 msync 함수를 사용하여야 한다.

```
MSYNC(2)
#include <sys/mman.h>
#include <unistd.h>

int msync(const void *addr, size_t len, int flags);

    설명
        mmap 함수에 의해서 사상된 파일의 변경된 내용(메모리)을 파일
        에 강제 기록한다. munmap 이전까지는 메모리와 파일의 내용이
        같지 않을 수도 있다.
    입력 값
        - addr : 저장하고자 하는 메모리 영역의 시작 주소
        - len : 저장하고자 하는 메모리 영역의 크기
        - flags : msync(2)의 수행 제어
    반환 값
        - 정상 : 0
        - 에러 : -1
```

flags 인수의 값과 의미는 다음과 같다.

- MS_ASYNC : 비동기적 기록 요청.
- MS_SYNC : 동기적 기록 요청.
- MS_INVALIDATE : 다른 메모리 사상 내용의 무효화.

MS_ASYNC는 비동기적 처리이므로 sync 행위 완료 시까지 기다리지 않고 반환된다. MS_INVALIDATE는 여러 프로세스가 같은 파일에 대해 사상을 하고 있으면 한 프로세스가 sync를 수행하여 변경된 파일의 내용이 다른 프로세스의 사상 공간에도 반영되도록 하는 역할을 한다.

연습 문제

1. 정수의 random 넘버를 1000개까지 발생시키고 이를 memory mapped file에 기록하고 또한, 이를 출력하는 프로그램을 작성하시오.
2. 위의 프로그램을 한 memory mapped file에 parent가 random number의 절반, child가 절반씩 병행으로 생성하고, 생성이 완료된 후, parent가 모든 것을 출력하는 프로그램을 작성하시오.

참고문헌

1] 리눅스 on-line 매뉴얼
2] 김정국, 시스템 프로그래밍 강의노트, 한국외대

제8장

Pipe: IPC (Inter-Process Communication) I

fork에 의해 생성된 프로세스 간이나 이러한 관계가 없는 프로세스들 사이에도 여러 가지 목적에 의해 상호 정보를 공유하고, 주고받거나 상대방의 실행을 제어해야 할 경우가 있다. 리눅스는 이러한 프로세스 간 통신을 위해 여러 가지 방법을 제공하는데 그들은 다음과 같다.

- FIFO 파일(unnamed pipe와 named pipe)
- signal
- shared memory
- message buffer
- semaphore
- network 통신(socket API)

이들 중 본 절에서는 비교적 간단한 형태인 pipe와 signal에 대해서 먼저 알아보기로 한다.

8.1 Pipe에 의한 IPC

pipe는 일반 파일이 하나의 open 인스턴스(instance)에 대해 하나의 read/write offset을 갖는 것과는 달리, 하나의 pipe 파일을 마치 두 번 open한 것처럼 두 개의 파일 디스크립터(descriptor), 즉, 두 개의 read/write offset을 가진다. 첫 번째 디스크립터는 read offset 용으로 다른 하나는 write offset 용으로 사용되어, 마치 큐의 front와 rear와 같이 사용하는 파일이 pipe이다. 이러한 pipe는 fork에 의한 가족 관계에 있는 프로세스들이 상속하여 사용하는 unnamed pipe와, 이런 관계가 없는 프로세스들이 사용하는 named pipe로 나누어진다. unnamed pipe는 임시 파일이 생기고 사용이 종료되면 삭제된다. named pipe는 파일명이 있으며 필요 없으면 별도로 삭제하여야 한다. 양 pipe의 사용 방식이 거의 같으므로 이 절에서는 unnamed pipe의 예만 보기로 하고 named pipe 관련 시스템 호출은 별도로 정리한다.

fork 이전에 생성된 pipe는 child들에도 상속되어 일반 파일과 같이 사용되는데, 리눅스 응용 들은 일반적으로 이러한 특징을 이용하여 통신할 수 있다. pipe는 파일이지만 시스템 구현에 따라 실제로 크기가 한정되어 있어, 이를 원형 큐(circular queue) 방식으로 사용하고, 시스템 버퍼링이 있으므로 실제 디스크 입출력은 일어나지 않는다.

```
PIPE(2)
#include <unistd.h>

int pipe(int fildes[2]);

    입력 값
      - fildes : 입력 및 출력 파이프를 위한 두 개의 파일 디스크립터
    반환 값
      - 정상 : 0
      - 에러 : -1
```

위에서 입력 인수는 pipe 생성과 함께 반환되는 두 개의 파일 디스크립터(descriptor)이다. filedes[0]는 읽기용으로 사용되고, filedes[1]은 쓰기 용으로 사용된다. pipe가 오픈되면 일반 파일을 위한 read나 write 등 대부분의 API를 사용할 수 있다. pipe는 초기에 빈 상태로 생성된다. write 연산으로 pipe에 자료를 보내 저장시킬 수 있으며 read에 의해 pipe의 내용을 가져온다. 빈(empty) pipe에 대한 read는 해당 프로세스를 대기(block)시키고, 대기 중인 reader가 있는 pipe에 대한 write는 대기하는 reader를 깨운다(wake_up). 따라서 pipe는 통신 수단임과 동시에 프로세스 간의 동기화 도구로 사용될 수 있다.(write만 연속으로 일어나 pipe가 모두 차게 되면 writer도 대기 상태가 된다.)

이와 같은 pipe 특성을 정리하면 다음과 같다.

- 프로세스 간 통신 도구
- 프로세스의 block/wakeup 도구
- 두 개의 r/w pointers 생성(하나는 읽기용, 다른 하나는 쓰기용)
- 커널은 내부적으로 원형 버퍼를 두어 자료를 저장한다.
- 빈 pipe에 대한 읽기 시도는 읽기 프로세스의 대기를 초래한다.
- 모든 writer가 pipe를 close 하면 reader는 깨어나고 0이 반환된다.

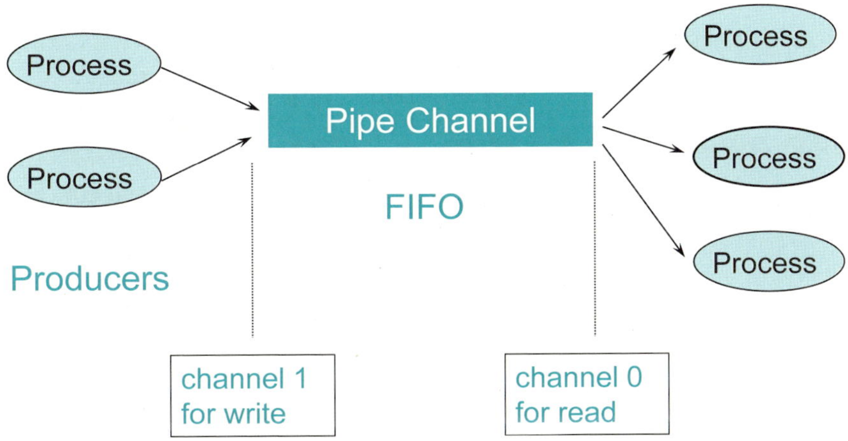

그림 8-1. 파이프를 통한 프로세스 간 통신

8.1.1 pipe에 의한 파일 복사

다음은 parent와 child 프로세스의 pipe에 의한 파일 복사의 예이다.

```
#include <stdio.h>
#include <unistd.h>
#include <stdlib.h>

void error_exit( char* message );

int  main(void)
{
        int fd[2];            // two descipters for pipe
        int input, output;  // copy input and output
        int n; char buf[10];

        if ( pipe(fd) == -1 )
            exit(1);

        if (fork() == 0) {        // child process
            input = open ("input", 0); // open for reading
            if (input == -1)
                exit(1);

            close( fd[0] );       // close read pipe channel

            while ( (n = read(input, buf, 10)) != 0) // until EOF
                write (fd[1], buf, n);

            close(input);
            close(fd[1]);

            exit(0);

        } else {                  // parent
```

```
            close (fd[1]);        // close unnecessary writing channel
            output = creat ("output", 0666);
            if (output == -1)
                error_exit("creat");

            while ( (n = read(fd[0], buf, 10)) != 0)  // until pipe closed
                write(output, buf, n);

            close (output);
            close(fd[0]);
            wait();
        }
        return 0;
}

void error_exit( char* message )
{
        fprintf(stderr, "%s\n", message);
        exit (-1);
}
```

위의 예에서 parent 프로세스는 child로부터 pipe를 통해 전달되는 파일의 내용을 새로운 파일에 복사하는데, 양 프로세스의 속도가 다르므로 pipe가 비게 될 경우에 parent는 대기하게 된다. 파일의 전송이 모두 완료되면 child가 pipe의 write 채널을 close하게 되어 parent는 더는 대기하지 않고 읽은 byte의 수가 0으로 return 되어 프로그램을 종료하게 된다.

8.1.2 pipe의 크기

pipe가 원형 버퍼의 역할을 수행함은 이미 설명하였다. 이러한 pipe의 원형 버퍼의 크기는 시스템에 따라 한정되어 있다. pipe의 크기는

```
int pipe_size = fpathconf(p[0], _PC_PIPE_BUF);
```

로 알 수 있는데, 이러한 pipe의 크기는 write 연산의 경우 큰 의미를 가진다. 일반적으로 write에서 pipe에 쓰이는 데이터는 원소적으로 이루어지는 것이 원칙이다. 그러나 pipe의 빈 여유 공간보다 큰 데이터를 write하게 되면 write 연산은 버퍼가 수용할 수 있는 데이터만 pipe에 탑재하고 기다리게 된다. 이후 reader 프로세스가 read에 의해 pipe의 버퍼에 공간을 만들게 되고 이 공간에 모든 write 데이터를 탑재할 수 있을 때까지 write는 대기를 계속한다. 이러한 특성은 write에 의해 pipe로 보내는 데이터가 분리되어 reader에 전달될 수 있음을 뜻한다.

8.1.3 Non-blocking pipe 입출력

파일 시스템 관련 장에서 설명한 fcntl은 파일 입출력이나 pipe 입출력을 비대기 모드로 진행할 수 있게 하는 데에 사용될 수 있다. 특히 pipe 사용의 경우에, reader 프로세스는 pipe가 빈 것을 알았을 경우, 데이터 도착 시까지 대기하지 않고 다른 일을 수행하다가 다음에 다시 시도하는 것이 효율성이 높을 경우가 있다. 이러한 형태의 입출력 연산을 비대기(Non-blocking) 입출력이라 하고 다음과 같이 사용한다.

```
fcntl (filedes, F_SETFL, O_NONBLOCK);
```

위와 같이 설정되면 해당 파일 채널의 성격(read나 write)에 따라 대기하여야 하는 상황이 발생했을 때, 즉시 -1로 에러 리턴하게 된다. 위와 같은 비대기 입출력은 pipe뿐만 아니라 일반적인 파일 입출력에도 같이 적용된다.

다음은 비대기 입출력을 사용한 pipe 입출력의 예제이다.

```
#include <stdio.h>
#include <unistd.h>
#include <fcntl.h>
#include <errno.h>
#include <stdlib.h>

int receiver (int *);
int sender (int *);

int main(void)
{
        int p[2];
        if(pipe (p) == -1)
                exit (1);

        /* p[0] : read 채널을 비대기 모드로 설정 */
        if (fcntl (p[0], F_SETFL, O_NONBLOCK) == -1)
                exit (1);

        if (fork() == 0) // child
                sender (p);
        else                 // parent
                receiver (p);

}

int receiver (int *p)
{
        int  n, buf;
        close (p[1]);
        while ((n= read(p[0], &buf, sizeof(int))) != 0) {
                // until pipe closed
                switch (n) {
                        case -1: /* 파이프에 아무것도 없는지 검사 */
                              if(errno == EAGAIN) {
                                        printf("empty pipe\n");
```

```
                                        sleep(1); /* 1 초 후에 다시 try */
                                        break;
                                } else
                                        exit (1);
                        default: /* data received */
                                printf ("data=%d\n", buf);
                }
        }
        printf ("end of processing\n");
        exit(0);
}

int sender (int *p)
{
        int count;
        close (p[0]);
        for (count= 0; count < 10; count++) {
                write (p[1], &count, sizeof (int));
                sleep(2);
        }
        /* pipe 닫음 */
        close (p[1]);
        exit (0);
}
```

8.1.4 pipe와 shell

쉘에서 두 개 이상의 프로세스를 pipe로 연결하여 stdin와 stdout의 역할을 하게 하는 경우가 있다. 예를 들면 "$> ./a.out | more"와 같은 경우인데 a.out은 원래 stdout으로 출력을 하는 프로세스라 가정하자. more는 stdin으로 입력되는 내용을 스크린의 page 단위로 출력하는 프로그램이므로 위와 같은 shell 명령은 a.out으로 출력되는 내용을 stdout이 아닌 more의 입력으로 전달하여 모니터 페이지

단위를 출력할 수 있게 한다. 이와 같은 쉘의 pipe 처리는 fork와 exec 및 pipe 등을 이용하는데 그 프로그램은 다음과 같다.

```
$> ./a.out ¦ more
shell :  // 부분 발췌
            :
pipe (fd);
if (fork() == 0) {     // child 1
   close (1);      // stdout;
   close (fd[0]); // pipe read channel
   dup (fd[1]);    // copy fd[1] to stdout
   close (fd[1]);
   execlp( "a.out", "a.out", (char*) 0);
}
if (fork() == 0) {          // child 2
   close (0);              // stdin
   close (fd[1]);
   dup (fd[0]);            // assign pipe read channel to stdin
   close (fd[0]);
   execlp ("more", "more", (char *) 0);
}
if (foreground) {          // parent shell
                ...
```

위 예제에서 쉘은 a.out과 more를 위한 두 개의 child 프로세스를 각각 생성하고 exec 계열의 시스템 호출이 open된 파일의 상태를 유지하는 점을 이용하게 된다. 즉, fork 이후, a.out을 exec하는 프로세스는 execl 이전에 stdout을 open된 pipe의 write 채널로 교체하고, more를 exec하는 프로세스는 stdin을 open된 pipe의 read 채널로 교체하게 된다. 즉, a.out의 경우를 보면 일단 close(1)을 하여 stdout 채널을 닫고 dup(fd[1])을 이용하여 pipe의 write 채널을 stdout의 descriptor 위치로 복사하고, open된 pipe 채널을 닫게 된다. 이 결과는 file descriptor table에 stdin, pipe_write_channel, stderr 의 순으로 세 개의 채널이

open된 상태가 되며 이 상태로 execl을 수행하게 된다.

Pipe를 이용하는 것은 아니지만 이와 같은 예와 비슷한 개념의 "./a.out > output" 등과 같은 I/O redirection도 fork 이후 exec 이전에 수행된다.

다음은 위에 사용된 dup 함수에 대한 설명이다.

```
DUP(2)
#include <unistd.h>

int dup(int fildes);

    입력 값
       - fildes : 복사 하고자 하는 파일 식별자
    반환 값
       - 정상 : 복사된 파일 식별자
       - 에러 : -1

DUP(2)
#include <unistd.h>

int dup2(int fildes, int fildes2);

    입력 값
       - fildes : 복사 하고자 하는 파일 식별자
       - fildes2 : 복사되는 파일 식별자
    반환 값
       - 정상 : 복사된 파일 식별자
       - 에러 : -1
```

8.2 Named pipe와 FIFO 파일

unnamed 파이프는 편리한 프로세스 간 통신 수단이지만 부모와 자식 프로세스와 같이 상속이 가능한 프로세스들을 연결하는 데만 사용할 수 있으며 생성 프로세스가 종료되면 함께 사라지는 문제점이 있다. 따라서 서로 상속 관계가 없는 프로세스들끼리 언제라도 시스템에 존재하는 pipe 통신을 하기 위해서 파일과 같이 항상 존재하는 개념인 named pipe가 도입되었다. named pipe는 지우지 않는 한 영구히 존재하며 이름도 부여받는 FIFO(First In First Out) 파일이다. FIFO 파일이라 함은 unnamed pipe와 같이 read/write pointer들이 별도로 존재함을 의미한다. FIFO는 다른 파일처럼 open/close 되고 삭제될 수 있으나, 읽거나 쓸 때는 파이프와 똑같은 방식을 사용한다.

이러한 FIFO 파일을 만들기 위해서는 mknod 명령이 사용된다.

```
$ /etc/mknod my_FIFO  p
```

위에서 첫째 인수는 생성될 FIFO의 파일 이름이고, 두 번째 인수 p는 mknod가 FIFO 파일을 생성하도록 한다. 이는 mknod는 주변장치를 나타내는 장치 파일을 만드는 데도 사용되기 때문에 p로 지정하는 것이다. 생성된 FIFO 파일은 일반 파일과 같이 Is 명령을 이용하여 다음과 같이 살펴볼 수 있다:

```
$ Is -I my_FIFO
prw-rw-r-- 1  cslee……..my_FIFO
```

위에서 첫 번째 열의 문자 p는 my_FIFO가 FIFO 파일임을 나타낸다.

프로그램에서 동적으로 시스템 함수를 이용하여 named pipe를 생성하는 함수는 다음과 같다.

reader나 writer 프로세스는 일단 생성된 FIFO 파일에 대해 각각 읽기 모드 또는 쓰기 모드로 오픈하여야 한다. 다음의 예는 writer의 경우이다.

```
#include <sys/types.h>
#include <sys/stat.h>
#include <fcntl.h>
.
.
mkfifo ("my_fifo", 0666);
.
fd = open("my_fifo", O_WRONL);
```

위와 같은 예에서 writer 프로세스가 주의해야 할 점은 FIFO 파일에 대한 쓰기 모드의 open은 해당 FIFO 파일이 이미 다른 reader 프로세스에 의해 읽기 모드

```
MKFIFO(3)
#include <sys/types.h>
#include <sys/stat.h>

int mkfifo (const chat *pathname, mode_t mode);

입력 값
    - pathname : FIFO 파일의 이름
    - mode : 파일의 접근 권한
반환 값
    - 정상 : 0
    - 에러 : -1
```

로 open된 후에야 가능하고 그렇지 않은 경우는 대기하게 된다(반대로 writer가 없는 read 모드의 open도 마찬가지이다). 이러한 대기를 피하기 위해서는 다음과 같이 비대기

모드의 open을 사용할 수 있다.

```
if((fd = open("my_fifo", O_WRONLY | O_NONBOCK)) == -1)
perror("open on fifo");
```

위 예에서, 읽기 모드로 pipe를 오픈한 프로세스가 없으면 open 함수는 대기 대신 -1을 반환하고 이때, errno는 ENXIO로 설정된다.

다음은 관련된 두 개의 프로그램 예로, 하나는 FIFO 파일을 통해 메시지를 원하는 수만큼 원소적(단위 메시지는 끊기지 않는다.)으로 보내는 프로그램이고 다른 하나는 메시지를 받아 차례로 출력하는 프로그램이다.

```
/* message sender */
#include <stdio.h>
#include <unistd.h>
#include <fcntl.h>
#include <errno.h>
#include <stdlib.h>
#include <string.h>

#define SIZE   80

int main (int argc, char **argv)
{
        char  *fifo_file = "my_fifo";
        char buf[SIZE+1];
        int fd;
        int i, n;

        if (argc <2)
                exit(1);

        /* 비 대기 모드로 FIFO 파일을 open */
        if ((fd = open(fifo_file, O_WRONLY | O_NONBLOCK)) < 0)
        exit (1);

        /* send messages */
        for (i = 1; i< argc; ++i) {
                if (strlen(argv[i]) > SIZE) {
                        printf ("mssg too long \n");
                        continue;
                }
                strcpy (buf, argv[i]);
                if ((n = write (fd, buf, SIZE+1)) == -1)
                        exit (1);
        }
        exit (0);

        return 0;
}
```

위에서 reader 프로세스가 O_RDWR를 이용하여, 읽기와 쓰기 겸용으로 open한 것은, 읽기 전용으로 open한 경우 sender process의 실행 이전에 receiver의 가 수행되면 open에서 대기하게 되는데, 이를 피하고 read에서 대기하게 하기 위함이다.

위와 같은 두 프로그램은 다음과 같이 사용될 수 있다.

```
$ rcvmsg &    // background
$ sendmsg ‘first msg’  ‘second msg’
msg received: first msg
msg received: second msg
```

연습 문제

1. 세 프로세스(parent, child1, child 2)가 각각 다음과 같은 일을 한다. Parent는 기존 파일을 10byte 단위로 읽어 이를 pipe1을 통해 child1에게 전달한다. Child1은 pipe1으로부터 받은 블록의 소문자를 대문자로 바꾸고 이를 다시 pipe2를 통해 child2에 전달한다. Child2는 이를 받아 새로운 파일에 출력한다. 이와 같은 프로그램을 작성하시오.
2. 위와 같은 프로그램을 named pipe와 서로 다른 세 개의 프로세스를 이용하여 작성하시오.
3. 쉘과 같은 개념으로 입력 실행 프로그램에 대해 I/O redirection을 하는 프로그램을 작성하시오.

```
$ myshell any_program < input  > output
```

4. 쉘과 같은 개념으로 두 개의 입력 실행 프로그램을 pipe로 연결하는 프로그램을 작성하시오.

```
$ myshell any_program_1 | any_program_2
```


참고문헌

1] K. Haviland, UNIX System Programming(2E), Addison Wesley,
2] 김정국, 시스템 프로그래밍 강의노트, 한국외대

제9장

시그널 : IPC II

리눅스에서 시그널(signal)은 커널이나 어떤 프로세스가 다른 프로세스에 응급 처리를 필요로 하는 비동기적(asynchronous) 신호를 보낼 때 사용하는 도구이다. 일단 커널이나 프로세스로부터 어떤 프로세스에 시그널이 보내지면 시그널을 수신하는 프로세스는 그 시점에서부터 user mode running이 일어나지 않고, 시그널에 대한 처리가 완료된 후라야 user mode running이 있을 수 있다. 시그널은 응급 사건 발생 원인에 따라 수십 개가 정의되어 있으며, 시그널을 수신한 프로세스는 미리 정의된 시그널 처리기(signal handler)를 수행하고 user mode running 상태로 가게 된다. 시그널 처리기에는 다음과 같은 3가지 종류가 있다.

- default handler (SIG_DFL) : 시스템에 의해 미리 정의된 시그널 처리기로 대부분의 경우 시그널 수신 프로세스를 종료 시키는 결과를 초래한다. 때에 따라 core dump가 부수적으로 일어나기도 한다.
- signal ignore (SIG_IGN): 사용자의 요청에 의해 배달되는 시그널이 무시 되도록 할 수 있다. (SIGKILL과 SIGSTOP 신호는 무시할 수 없음)
- 사용자 정의 시그널 처리기: 사용자가 시그널 수신 시에 수행될 함수를 미리 정의하면 시그널이 배달되었을 때, 이 시그널 처리기가 수행되고 user mode running 상태로 간다.

시그널의 한 예를 들면, 키보드에서 프로세스의 실행 중지를 위해 ^C를 입력한 경우를 살펴보기로 하자. 리눅스에서 ^C를 처리하는 방식은 다음과 같다.

- ^C를 입력하면 커널 내부의 KB interrupt handler가 실행된다.
- KB interrupt handler는 해당 tty에 속한 프로세스에 SIGINT라는 시그널을 보내게 된다. 시그널을 보내는 행위는 커널이 프로세스의 태스크 구조체 내의 시그널 발생에 관련된 테이블에 SIGINT가 배달되었음을 표시함으로써 이루어진다.
- 언젠가 스케줄링이 실행되어 해당 프로세스가 CPU를 받게 되면 이 프로세스는 문맥 교환으로 깨어나므로 언제나 kernel mode running 상태이다. 깨어난 프로세스는 커널 내부에서의 모든 작업을 마치고 user mode로 회귀하면서 맨 처음 시그널 처리기로 분기하게 된다.
- 이때, SIGINT의 default handler는 exit을 수행하므로 프로세스는 스스로 종료(exit)된다.

위에서 ^C를 입력할 당시, 해당 프로세스가 user mode running 상태이었다 해도 결과는 마찬가지이다. KB interrupt가 발생하면 user mode running이 중지되고 interrupt handler로 분기가 일어날 것이고, interrupt handler의 처리를 마치고 user mode로 돌아올 때, 시그널에 대한 처리가 일어나게 된다.

위의 예에서 보았듯이 시그널 처리에는 다음과 같은 원칙이 존재한다.

- 배달된 시그널은 수신 프로세스가 kernel mode에서 user mode로 돌아올 때 처리된다.
- 펜딩(pending)된 시그널(처리되지 않은 signal)이 있을 때, user mode running은 없다.

따라서 시그널은 사용자 프로그램 수준에서의 인터럽트 처리와 비슷한 개념을 가진다. 단 시그널 배달 후에 kernel mode running이 있을 수 있으므로 그 만큼 시그널 처리에 지연이 발생할 수 있는데 이것이 시그널과 인터럽트의 차이점이라 할 수 있다. 또한, 이러한 시그널 의 보편적 특성은 실시간 처리를 필요로 하는 경우 문제가 될 수 있기 때문에 POSIX 1003.1-2002에서는 실시간(real-time) 시그널 관련 기능 및 API를 별도로 정의하고 있다. 그러나 현재까지 리눅스는 지연이 일정

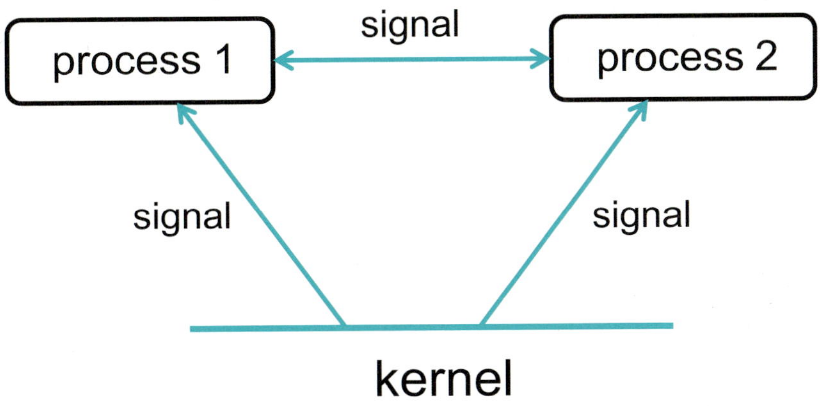

그림 9-1. signal 송수신

한도 내로 보장되는 실시간 시그널을 제공하지는 못하고 있다.

다음은 리눅스에서 제공되는 signal에 대한 정리이다. signal 번호는 일반적으로 H/W 구조에 따라 달라지는데 다음 표의 번호란의 첫 번째는 sparc, alpha의 경우, 두 번째는 i386, ppc의 경우, 세 번째는 mips의 경우이다.

신호이름	발생원인	번호	표준	기본 처리 지침
SIGHUP	제어 단말기의 hangup이나 제어 프로세스의 종료	1	POSIX.1	종료
SIGINT	KB 인터럽트(^C)	2	POSIX.1	종료
SIGQUIT	KB quit	3	POSIX.1	종료/core
SIGILL	하드웨어 명령어 오류	4	POSIX.1	종료/core
SIGABRT	abort(3)에 의한 abort signal	6	POSIX.1	종료/core
SIGFPE	Floating point exception	8	POSIX.1	종료/core
SIGKILL	kill signal	9	POSIX.1	종료
SIGSEGV	잘못된 메모리 참조	11	POSIX.1	종료/core

신호이름	발생원인	번호	표준	기본 처리 지침
SIGPIPE	Reader가 없는 파이프로의 write(broken pipe)	13	POSIX.1	종료
SIGALRM	시간 만료(alarm)	14	POSIX.1	종료
SIGTERM	종료 signal	15	POSIX.1	종료
SIGUSR1	사용자 정의 신호1	30,10,16	POSIX.1	종료
SIGUSR2	사용자 정의 신호2	31,12,17	POSIX.1	종료
SIGCHLD	child 프로세스의 종료나 중지	20,17,18	POSIX.1	무시
SIGCONT	중지된 프로세스의 속개	19,18,25	POSIX.1	개시/무시
SIGSTOP	프로세스 실행 중지	17,19,23	POSIX.1	수행중지
SIGTSTP	중지 문자 유입(tty)	18,20,24	POSIX.1	수행중지
SIGTTIN	background 프로세스 제어 단말기 입력 발생	21,21,26	POSIX.1	수행중지
SIGTTOU	background 프로세스 제어 단말기 출력 발생	22,22,27	POSIX.1	수행중지
SIGBUS	Bus 에러(메모리 접근 오류)	10,7,10	POSIX100.1-2001	종료/core
SIGPOLL	폴링 사건(Sys V)	-,-,-	POSIX100.1-2001	종료
SIGPROF	Profiling timer 만료	27,27,29	POSIX100.1-2001	종료
SIGSYS	잘못된 시스템 호출 arguments(SVID)	12,-,12	POSIX100.1-2001	종료/core
SIGTRAP	Trace/Breakpoint trap	5	POSIX100.1-2001	종료/core
SIGURG	긴급한 socket 상황(4.2 BSD)	16,23,21	POSIX100.1-2001	무시
SIGVTALRM	가상 타이머 만료(4.2 BSD)	26,26,28	POSIX100.1-2001	종료
SIGXCPU	CPU 시간 제한 초과(4.2 BSD)	24,24,30	POSIX100.1-2001	종료/core
SIGXFSZ	파일 크기 제한 초과(4.2 BSD)	25,25,31	POSIX100.1-2001	종료/core
SIGIOT	IOT trap, SIGABORT 와 동일	6		종료/core
SIGEMT	Emulation Trap	7,-,7		종료/core

신호이름	발생원인	번호	표준	기본 처리 지침
SIGSTKFLT	스택 fault(coprocessor)	-,16,-		종료
SIGIO	IO 가능(4.2 BSD), 비동기 입출력	23,29,22		종료
SIGCLD	SIGCHLD와 동일	-,-,18		무시
SIGPWR	정전	29,30,19		종료
SIGINFO	SOGPWR과 동일	29,-,-		종료
SIGLOST	파일 lock lost	-,-,-		종료
SIGWINCH	단말기의 윈도우 크기 변화	28,28,20		무시
SIGUNUSED	Unused	-,31,-		종료

9.1 사용자 정의 시그널 처리기

사용자는 특정 시그널이 발생할 경우의 처리 루틴을 다음과 같은 시그널 시스템 호출을 통해 정의할 수 있다.

```
SIGNAL(2)
#include <signal.h>
typedef void (*sighandler_t)(int);

sighandler_t signal(int signum, sighandler_t handler);

    입력 값- signum : 해당 signal id
       - sighandler : 사용자 정의 signal 처리 루틴
    반환 값
       - 정상 : 해당 신호의 이전 처리 지침 내용
       - 에러 : SIG_ERR 반환
```

정의된 signal handler는 fork 사용 시, child에게도 상속된다. 다음의 예는 ^C 입력의 경우 종료하지 않고 signal handler를 통해 별도의 처리를 하는 프로그램이다.

```
#include <signal.h>
#include <stdio.h>
#include <stdlib.h>
void sig_handler(int);
int main(void)
{
    if (signal( SIGINT, sig_handler) == SIG_ERR)
        exit(1);
    pause();
    return 0;
}

void sig_handler(int signal_no)
{
    switch(signal_no) {
            case SIGINT :
                printf("process %d received SIGINT.\n", getpid());
                break;
            default :
                printf("unexpected signal\n");
                exit(1);
    }

    if( signal(SIGINT, sig_handler) == SIG_ERR)
            exit(1);
}
```

위의 예에서 시그널 처리기 내부에서 다시 signal 시스템 호출을 한 이유는 시그널 처리기가 리눅스의 경우 1회용이기 때문이다. 즉, 시그널 처리기를 계속 유지하려면 시그널 처리기 내부에서 다시 signal 호출을 사용하여야 한다. 위의 예에서 main 함수는 signal handler를 설정하고 pause를 수행하는데, pause는 임의의

signal이 배달될 때까지 대기(block)하는 시스템 호출이다. pause 시스템 호출은 다음과 같다.

```
PAUSE(2)
#include <unistd.h>

int pause(void);

    입력 값 : 없음
    반환 값
        - 신호에 의해 시그널 처리기로 가거나 프로세스 종료
        - 그 외의 경우 : -1
```

단 pause 사용 시, 주의해야 할 점은 pause 실행 이후에 시그널이 발생하면 시그널 처리기로 처리가 정상적으로 일어나 대기에서 해제되지만, 시그널 발생 처리 후에 pause가 실행되면 이 pause는 새로운 시그널을 기다린다는 점이다. 이러한 경우는 병행 프로세스의 실행에 따라 달라질 수 있으므로 주의를 해야 할 부분이다.

9.2 시그널과 시스템 호출

시스템 호출 도중, 입출력 종료나 기타 사건을 기다리기 위한 대기 상태에 진입하는 경우, 시그널이 발생하면 어떤 현상이 발생하는지 알아보도록 하자. 일반적으로 시그널은 어떤 응급 상황이 발생한 것이므로 "대기 상태가 포함되는 시스템 호출을 계속 수행할 것인가?", 아니면 "시스템 호출을 일시 중단하고 시그널 처리를 먼저 실행할 것인가?"는 시스템 호출의 성격에 따라 결정되는 것이 보통이다. getchar와 같이 키보드에서의 입력을 위해 대기하는 경우는 언제 입력이 완료될지 모르므로 시그널을 먼저 처리하는 것이 바람직하다. 그러나 디스크 파일에 대한 read 같은 경우는 입력 대기가 조만간 완료되는 것이 확실하므로 입력 완료 이후로 시그널 처리를 미루게 된다. 즉, getchar()와 같은 경우 프로세스는 TASK_INTERUUPTIBLE 상태로 대기하므로 시그널이 배달되면 대기를 중지하고(wakeup) 시그널을 처리하게 된다. 그러나 디스크 입력과 같은 경우는 입력 대기 시, TASK_UNINTERRUPTIBLE 상태로 대기하므로 시그널이 발생해도 디스크 입력 완료 시까지 대기를 계속하게 된다.

getchar()와 같이 시그널에 의해 중단되는 read 시스템 호출을 포함하는 경우, 시그널 처리 후에는 어떻게 될 것인가? 이 경우는 유닉스 및 리눅스 계열 운영체제 형태나 버전에 따라 두 가지 방법이 있다. 첫째는 중간된 함수를 자동으로 반복하는 경우이고, 두 번째는 error return하는 경우이다. 운영체제의 처리가 확실치 않으면 다음의 siginterrupt 함수를 사용하면 시그널 발생 때 시스템 호출을 중단하고 error return하도록 설정할 수 있다.

```
SIGINTERRUPT(3)
#include <signal.h>

int siginterrupt(int signal_no, int flag)

    입력 값 : - sig_no : signal id
              - flag : 1 -> 시스템 호출 중지를 원할 경우)
               0 -> 시스템 호출 반복을 원할 경우
    반환 값
        - 0 : 성공
        - -1 : 실패
```

다음 예제는 alarm signal을 이용하는 예로써, "user name"과 "passwd"를 물어보는 login process에 timeout에 의한 반복 기능을 준 것이다.

```
#include <stdio.h>
#include <signal.h>
#include <unistd.h>
#include <sys/types.h>
#include <stdlib.h>

#define TIMEOUT   60          // 1회에 60초간 기다림
#define MAX_TRIES 4           // 4번의 timeout retry
#define BELL      '\007'      // bell
int timed_out;
void sig_handler(int);

int input_with_timeout(char *prompt, char *linebuf, int n) {
        void (*was)(int);
        int ntries, i;

        was = signal(SIGALRM, sig_handler);
        siginterrupt(SIGALRM, 1);

        for (ntries = 0; ntries <MAX_TRIES; ntries++) {
                timed_out = 0;
                printf("\n%s > ",prompt);
                fflush(stdout);
                alarm(TIMEOUT);

                for (i = 0; i < n; i++) {
                    if ((linebuf[i] = getchar()) < 0) {
                         linebuf[i] = 0;
                         break;
                    }

                    if (linebuf[i] == '\n') {
                         linebuf[i] = 0;
                         break;
                    }
                }  // end of line input
```

```
            linebuf[n-1] = 0;
            alarm(0);

            if (!timed_out)
                break;
        }       // end of retry loop

        signal(SIGALRM,was);
        return(ntries == MAX_TRIES ?  0 : 1);
}

void sig_handler (int sig_no)
{
        timed_out = 1;
        putchar(BELL);
        fflush(stdout);
        signal(SIGALRM, sig_handler);
}

int main()
{
        char namebuf[10], passwdbuf[10];
        if (input_with_timeout("usename:  ", namebuf, 10) == 0)
                exit(1);
        if (input_with_timeout("passwd:  ", passwdbuf, 10) == 0)
                exit(1);

        //     login process;

        return 0;
}
// 참고문헌 [1]에서 인용
```

위 예제에서 input_with_timeout 함수는 username이나 passwd를 입력받을 때 사용자에게 60초의 여유를 주고, 60초간 입력이 없으면 벨을 울려 주의를 시키며 이러한 행위를 4회 반복하는 함수이다. 4회의 반복에도 실패하면 0을 반환한다. alarm(TIMEOUT) 시스템 호출은 TIMEOUT 초 이후에 SIGALAM을 발생시켜 시그널 처리기로 하여금 벨을 내보내도록 한다. alarm clock이 작동되는 동안 input_with_timeout 함수는 getchar() 함수를 호출하여 키보드 입력을 기다리게 된다. 즉 프로세스는 대기 상태에 있게 되는데 이때, SIGALRM이 발생하면 대기 상태는 해제되고 getchar()에서는 error return하여 다시 시간 제한된 입력을 반복하게 된다.

```
ALARM(2)
#include <unistd.h>

unsigned int alarm(unsigned int seconds);

    입력 값
        - seconds : 초 단위로 나타낸 신호 전송 시점
    반환 값
        - alarm(2)이 이미 호출된 경우 : 이전에 설정된 alarm(2)에서
    현재 남아있는 시간
        - alarm(2)이 처음 호출되는 경우 : 0
```

9.3 시그널에 의한 동기화

시그널의 전송으로 대기하는 프로세스를 깨우는 방법은 리눅스 응용에서 매우 빈번히 사용되는 프로세스 간 동기화의 방식이다. 먼저 특정 프로세스에 시그널을 보내는 시스템 호출인 kill을 알아보도록 하자.

```
KILL(2)
#include <sys/types.h>
#include <signal.h>

int kill(pid_t pid, int sig);

    입력 값
       - pid : 프로세스 식별자
       - sig : 신호번호
    반환 값
       - 정상 : 0
       - 에러 : -1
```

이때 시그널 수신을 기다리는 프로세스는 이미 설명한 pause() 함수를 다음과 같이 사용할 수 있다.

```c
#include <stdio.h>
#include <signal.h>
#include <unistd.h>
#include <stdlib.h>

void sig_handler (int sig_no)
{

}

int main()
{
        int pid;
        signal(SIGUSR1, sig_handler);

        if ((pid = fork()) == 0) {          // child
                    //do A;
                    pause(); // not good
                    printf("PChild wake up\n");
                    //do C;
                    exit(0);
        } else {    // parent
                    //do B;
                    sleep(2);
                    kill (pid, SIGUSR1);
                    wait();
        }
}
```

위의 프로그램은 생성된 child는 pause를 통해 시그널을 기다리고, parent는 child에게 SIGUSR1을 보내어 대기하는 child를 깨워 주는 예제이다. 즉, 위의 프로그램에서 child는 작업 A를 마친 후, parent가 B의 작업을 마치는 것을 확인한 후에 다음 단계를 진행할 수 있도록 하는 예이다. 그러나 위의 프로그램은 두 개의 프로세스가 병행으로 실행되므로 child가 pause를 하기 이전에 parent의 kill에 의해 시그널이 먼저 배달되어 처리될 수 있다. 이렇게 되면 child는 영원히 pause 하게 되므로 깨어날 수 없어 무한 대기의 상태로 가게 된다.

따라서 위와 같은 문제를 해결하기 위해서는 시그널이 배달되어도 이를 처리하지 않고 당분간 보류시키는 함수가 필요하게 된다. 다음은 이와 관련된 함수들이다.

```
SIGACTION(2)
#include <signal.h>

int sigprocmask(int how, const sigset_t *set, sigset_t *oset);

    입력 값
      - how : 신호 매스크의 변경 방안
        SIG_BLOCK : set가 지시하는 signal 집합을 block 시키는
        signal mask에 추가한다.
        SIG_UNBLOCK: set가 지시하는 signal 집합을 block 시키는
        signal mask에서 제거한다.
        SIG_SETMASK : set가 지시하는 signal 집합을 새로운 block
        signal Mask로 설정한다.
      - set : 설정하고자 하는 신호 매스크
      - oset : 이전의 신호 매스크
    반환 값
      - 정상 : 0
      - 에러 : -1
```

다음은 signal set을 관리하기 위한 함수들이다.

```
SIGNAL(2)
#include <signal.h>

int sigemptyset(sigset_t *set);

    입력 값
- set : 신호 집합 set을 clear 한다. (이는 단순 set의 clear이고 시스
템에 설정하는
것은 아니다.)
    반환 값
        - 정상 : 0
        - 에러 : -1

SIGNAL(2)
#include <signal.h>

int sigfillset(sigset_t *set);

    입력 값
        - set : 신호 집합 set을 모두 1로 설정한다.
    반환 값
        - 정상 : 0
        - 에러 : -1

SIGNAL(2)
#include <signal.h>

int sigaddset(sigset_t *set, int signo);

    입력 값
        - set : 신호 집합에 signo 해당 bit의 설정을 추가한다.
        - signo : 신호 번호
    반환 값
        - 정상 : 0
        - 에러 : -1
```

```
SIGNAL(2)
#include <signal.h>

int sigdelset(sigset_t *set, int signo);

    입력 값
        - set : 신호 집합에서 signo를 제거한다.
        - signo : 신호 번호
    반환 값
        - 정상 : 0
        - 에러 : -1
```

```
SIGNAL(2)
#include <signal.h>

int sigismember(sigset_t *set, int signo);

    입력 값
        - set : 신호 집합에 해당 signal이 포함되었는지 test한다.
        - signo : 신호 번호
    반환 값
        - 정상 : signo가 set에 속하면 : 1
            signo가 set에 속하지 않으면 : 0
        - 에러 : -1
```

위 함수들의 의미와 사용법을 알기 위해 다음의 예를 보기로 하자.

```
#include <stdio.h>
#include <signal.h>
#include <unistd.h>
#include <stdlib.h>

void sig_handler (int sig_no)
{

}

int main()
{
        int pid;
        sigset_t new_sigset, old_sigset;

        sigemptyset(&new_sigset);
        sigaddset(&new_sigset, SIGUSR1);

        signal(SIGUSR1, sig_handler);
        sigprocmask(SIG_BLOCK, &new_sigset, &old_sigset);
        // block SIGUSR1
        if ((pid = fork()) == 0) {        // child
            sigpause(SIGUSR1);    // unblock and pause
            // sigsuspend(&oldsigset);도 동일
            printf("Child wake up\n");
            exit(0);
        } else {    // parent
            kill (pid, SIGUSR1);
            wait();
        }

        return 0;
}
```

위의 예에서는 pause의 문제를 해결하기 위하여 fork 이전에 SIGUSR1을 block(처리 보류 상태) 상태로 설정한다. 이처럼 시그널을 블록 시키면 pause 이전에

발생한 시그널이라 할지라도 처리가 보류되므로 문제가 해결될 수 있다.

그러나 pause를 실행할 때에는 당연히 signal의 blocking을 해제하여야 한다. 단 해제 시에 sigprocmask를 이용하여 해제하고 pause를 하게 되면, 최악의 상황에 두 시스템 호출 사이에서 시그널이 처리될 수 있고, 이 경우는 다시 영원한 pause 상태로 가게 된다. 따라서 pause와 signal의 blocking 해제를 동시에 수행하는 시스템 호출이 필요한데, 이와 같은 함수가 sigpause와 sigsuspend이다.

```
SIGACTION(2)
#include <signal.h>

int sigsuspend(const sigset_t *set);

    입력 값
      - set : 설정하고자 하는 신호 매스크 (block을 위한 mask)
    동작
      signal mask를 설정하고 pause 한다.
    반환 값
      - 정상 : 0
      - 에러 : -1

SIGPAUSE(2)
#include <signal.h>

int sigpause(int sigmask);

    입력 값
      - sigmask : masked 시그널 집합
    동작
      - 해당 signal을 blocked signal list에서 제거 후, pause한다.
    반환 값
      - 정상 : 0
      - 에러 : -1
```

연습 문제

1. 사용자가 KB에서 ^C를 입력하면 시스템의 시간을 출력하는 프로그램을 작성하시오.
2. 매 5초마다 시스템의 시간을 출력하는 프로그램을 작성하시오.
3. parent는 child를 fork하고 child는 무한 loop을 수행하고 parent는 3초가 지난 후 child를 signal을 이용해 중지시키는 프로그램을 작성하시오.

참고문헌

1] K. Haviland, UNIX System Programming(2E), Addison Wesley,
2] 김정국, 시스템 프로그래밍 강의노트, 한국외대

제10장

병행 프로세스 간의 임계 구역 및 상호배제 : IPC III

10.1 임계 구역과 상호배제

병행(concurrent) 프로세스 간의 임계 구역(critical section) 문제란 두 개 이상의 프로세스들이 공유하는 자원이나 자료에 거의 동시에 접근함으로써 발생하는 자원이나 자료의 일관성 결여의 문제를 말한다. 앞서 예로든 병행 프로세스의 파일 복사 문제도 이와 같은 유형이다. 본 절에서는 좀 더 보편적인 예를 살펴보기로 한다.

예: 하나의 마스터 자료 파일에 대해, 파일 레코드의 검색 및 수정/삽입을 수행하는 프로그램이 있다. 이러한 프로그램을 고객에 대한 빠른 서비스를 위해 관리자(agent) 여러 명이 각각의 단말기에서 실행시키는 것은 일반적인 유형이다. 각각의 같은 프로그램이 실행되는 병행 프로세스들은 같은 파일을 오픈하고 이에 대해 read/write의 연산을 병행적으로 수행하게 된다.

예를 들면 고객의 예금 잔고를 가진 파일이 있을 때, 이러한 환경에서 어떤 두 프로세스가 파일의 같은 구좌 레코드에 대해 다음과 같이 거의 동시에 입금을 수행한다고 하자.(초기 잔고는 10이라고 가정한다.)

```
process A                          process B

read 잔액;                          read 잔액;
수정 (deposit 5);                   수정(deposit 6);
write 잔액;                         write 잔액;
```

이때 다음과 같은 순서의 실행 시나리오를 고려해 보자.

```
read 잔고 by process A; (10)
read 잔고 by process B; (10)
수정 by process A;
수정 by process B;
write by process A; (15)
write by process B; (16)
```

원래 두 프로세스가 실행되면 잔고는 21 이 되어야 한다. 그러나 위와 같은 병행 시나리오로 두 프로세스가 실행되면, 결과는 마지막 write에 의해 16 이 됨을 알 수 있다. 이와 같은 문제를 공유 자료에 대한 비일관성의 문제를 임계 구역(critical section)의 문제라 하며, 이는 임계 구역에 대해 락(lock)을 이용하여 상호배제(mutual exclusion)를 부여함으로써 해결할 수 있다. 임계 구역의 lock에 의한 상호배제라 함은 임계구역의 진입 부분에서 lock을 설정하고 임계 구역 진출 시에 lock을 해제함으로써 임계 구역에 하나의 프로세스만 진입하게 하는 상호 간의 프로토콜을 말한다. 어떤 프로세스에 의해 이미 lock이 설정되어 있는 임계 구역에 대해 lock을 설정하고 진입하고자 다른 프로세스는 기존 lock에 해제될 때까지 대기 상태로 기다리게 된다. 이러한 대기 프로세스는 lock을 가진 프로세스가 임계 구역을 나오며 unlock을 함으로써 깨워주게 된다. 이와 같은 lock에 의한 상호배제의 개념은 다음과 같다.

```
process A                          process B

lock the target file;              lock the target file;
    read 잔액;                         read 잔액;
    수정 (deposit 5);                  수정(deposit 6); // 임계 구역
    write 잔액;                        write 잔액;
unlock the target file;            unlock the target file;
```

10.2 fcntl 함수에 의한 Readers' lock과 Writer's lock

위의 구좌 입금의 예에서 입금 대신 단순한 구좌 조회를 생각해 보자. 위의 입금 행위로 구좌 잔고가 변경되는 경우는 임계 구역에 대해 하나의 잔액 변경 프로세스만이 진입 가능해야 한다. 그러나 단순히 구좌 조회를 하는 프로세스의 경우에는 잔액에 대한 변경이 없기 때문에 여러 개의 조회 프로세스가 동시에 실행되어도 무관하다. 단 구좌 조회와 입금이 거의 동시에 일어난다면 구좌에 대한 정보를 수정하는 도중에 검색이 발생하여 틀린 정보를 구좌 조회자에게 제공할 수 있다. 따라서 구좌 조회 연산 프로세스들은 같은 구좌에 대해 거의 동시에 실행되어도 무방하지만, 입금 프로세스와는 상호 배제적으로 실행되어야 한다. 이를 다시 정리하면 다음과 같다.

유닉스와 리눅스 운영체제에서는 이러한 파일에 대한 reader's/writer's lock 기능

*입금 : (writer 's lock)

같은 구좌에 대한 다른 프로세스의 입금 연산이나 구좌 조회 연산에 대해 상호 배제적으로 일어나야 한다. 이를 writer's lock 또는 exclusive lock이라 한다.

*구좌 조회 : (reader's lock)

같은 구좌에 대한 다른 프로세스의 구좌 조회는 허용하되 입금 연산과는 상호 배제적으로 일어나야 한다. 이를 reader's lock 또는 shared lock이라 한다.

들이 제공되는데, 이러한 lock 기능들은 파일 전체에 대한 reader's/writer's lock을 제공하는 flock 함수 부류와 파일 일부분(레코드)에 대해 exclusive lock만을 제공하는 lockf 함수 부류, 그리고 파일 일부분(레코드)에 대해 reader's/writer's lock을 제공하는 가장 강력한 fcntl 함수가 있다. 본 교재에서는 fcntl 함수 및 lockf 함수를 이용한 파일/레코드 locking에 대해서 설명하기로 한다.

위에서 예로든 예금 관리에 대한 lock의 pseudo code는 다음과 같다.

다음은 file 또는 record locking을 위한 fcntl 함수의 관련 내용이다.

```
모든 고객의 구좌 레코드가 있는 마스터 파일을 open한다.;
loop:
    연산의 종류(조회/입금)와 구좌 번호를 입력받는다.;
    switch (연산) {
      case 조회:
          해당 record 부분에 대해 reader's lock을 획득한다.;
             (이미 lock되어 있으면 대기)
          구좌를 읽어 display 한다.;
          reader's lock을 unlock한다.
      case 입금:
          해당 record 부분에 대해 writer's lock을 획득한다.;
          (이미 lock되어 있으면 대기)
          구좌를 읽어 display 한다.;
          writer's lock을 unlock한다.
    }
```

```
FCNTL(2)
#include <unistd.h>
#include <fcntl.h>

int fcntl(int fildes, int cmd, struct flock *lock);

    입력 값
        - fildes : 제어하고자 하는 파일 descriptor
        - cmd : 원하는 파일 제어
        - arg : cmd인수에서 필요한 값
    반환 값
        - 정상 : cmd에 따른 값
        - 에러 : -1
```

cmd의 상세한 내용은 다음과 같다.

- F_GETLK : 매개 변수에 lock의 정보를 기반으로 lock의 상태를 반환한다.
- F_SETLK : 매개 변수에 lock의 정보를 기반으로 파일의 일부 영역에 reader's 또는 writer's lock을 set 한다. 이미 lock이 되어 있으면 error return 한다.
- F_SETLKW : 매개 변수에 lock의 정보를 기반으로 파일의 일부 영역에 reader's 또는 writer's lock을 set 한다. 이미 lock이 되어 있으면 lock을 획득할 때까지 대기한다.

flock 구조체의 내용은 다음과 같다.

```
struct flock {
    ...
    short   l_type; // type of lock: F_RDLCK, F_WRLCK, F_UNLCK
            // F_RDLCK : reader's lock
            // F_WRLCK : writer's lock
            // F_UNLCK : unlock
    short   l_whence;  // SEEK_SET, SEEKCUR, SEE_END (lseek와 동일)
    off_t   l_start;   // lock start 위치 (lseek와 동일)
    off_t   l_len; // lock 영역의 길이
    pid_t   l_pid: // lock을 소유한 프로세스 id (F_GETLK에서만 사용)
    ...
};
```

다음의 프로그램은 fcntl 함수를 이용하여 상호 배제적 구좌 접근을 구현한 것이다.(아래 프로그램에서 구좌 번호는 0에서 99까지 일련번호로 되어있다고 가정한다.)

```
#include <stdio.h>
#include <sys/types.h>
#include <sys/stat.h>
#include <fcntl.h>
#include <stdlib.h>

#define NUM_RECORDS 100

struct record {
        int id;            // 구좌 번호
        char name[20];   // 예금주
        int balance;      // 잔고
};

void rec_lock(int fd, int recno, int len, short type);
void display(struct record *current);
```

```
int main(void)
{
        struct record current;
        int record_no;
        int fd, pos, i,n;
        char yes;
        char operation;
        int amount =0;

        if ( (fd = open("Account_File", O_RDWR)) == -1)
                exit(1);

        while (1) {
                printf("enter account number \n");
                scanf("%d%*c", &record_no);
                if (record_no >= 0 && record_no <=99) break; // 종료

                printf("enter operation name  \n");
                scanf("%c%*c", &operation);

                switch (operation) {
                   case 'r' :        // 조회
                        rec_lock(fd, record_no, sizeof(struct record),
                        F_RDLCK);
                        pos = record_no * sizeof(struct record);
                        lseek(fd, pos, SEEK_SET);
                        n  = read(fd, &current, sizeof(struct record));
                        display (&current);  // display 루틴 생략
                        rec_lock(fd, record_no, sizeof(struct record),
                        F_UNLCK);
                  break;

                  case 'd' :        // 입금
                        rec_lock(fd, record_no, sizeof(struct
                        record), F_WRLCK);
                        pos = record_no * sizeof(struct record);
                        lseek(fd, pos, SEEK_SET);
```

```
                    n   = read(fd, &current, sizeof(struct
                    record));
                    display (&current); // display 루틴 생략
                    printf("enter amount\n");
                    scanf("%d%*c", &amount);
                    current.balance += amount;
                    lseek(fd, pos, SEEK_SET);
                    write(fd, &current, sizeof(struct record));
                    rec_lock(fd, record_no, sizeof(struct
                    record), F_UNLCK);
                    break;
                default :
                    printf("input error\n");
                    continue;
              };
        }
        close(fd);
}

void rec_lock(int fd, int recno, int len, short type)
{
        struct flock fl;
        switch (type) {
                case F_RDLCK:
                case F_WRLCK:
                case F_UNLCK:
                  fl.l_type = type;
                  fl.l_whence = SEEK_SET;
                  fl.l_start = recno * len;
                  fl.l_len = len;
                  fcntl (fd, F_SETLKW, &fl);
                  return ;
                default:
                  return ;
        };
}
```

```
void display(struct record *current)
{
        //display  루틴.. 생략
}
```

File/record lock 획득 실패에 의해 대기하는 프로세스는 lock을 가진 프로세스가 unlock을 실행할 때 깨어나게 된다. 단 lock의 획득을 기다리는 프로세스가 여러 개 있을 때에는 이들 중 하나의 프로세스에만 임계구역의 진입(lock의 획득)을 허용되어야 하는데, 이때, 리눅스나 유닉스 계열의 운영체제에서의 깨우는 순서는 대기하게 된 순번을 사용하지 않고 스케줄링 우선순위를 사용하는 것이 보통이다. 이는 unlock 시에 실질적으로 대기하는 모든 프로세스를 깨우고, 이들 중 우선순위가 높은 프로세스가 lock을 획득하면 다른 프로세스는 다시 대기 상태로 되는 방식을 사용하기 때문이다.

이러한 임계 구역의 보호를 위한 상호 배제 도구는 설명한 file 중심의 lock뿐만 아니라, semaphore라는 도구를 사용하여 구현될 수도 있다. semaphore에 대해서는 다음에 설명하기로 한다.

10.2.1 lockf 함수에 의한 파일/레코드 locking

fcntl 함수에 의한 file/record locking이 번거로울 경우, lockf 시스템 호출을 사용하면 좀 더 간단한 형태로 프로그램을 작성할 수 있다. 단 lockf 함수는 reader's lock은 제공하지 않고 배타적 lock인 writer's lock만을 제공한다. 이와 같은 차이점이 있지만, 상호배제에 대한 lock의 개념은 같으므로 함수의 형식에 대해서만 설명한다.

```
LOCKF(3)
#include <sys/file.h>
int lockf (int fd, int cmd, off_t len);

    입력 값
      - fd : locking 하고자 하는 파일 descriptor
      - cmd : 원하는 파일 lock 제어
      - len : file의 현재 offset 위치에서부터 lock 하고자 하는
              byte stream의 길이 (0인 경우는 end-of-file까지 적용
              된다.)
    반환 값
      - 정상 : 0
      - 에러 : -1
```

cmd의 상세한 내용은 다음과 같다.

- F_LOCK : 지정된 file의 부분에 exclusive lock을 시도한다. 이미 lock이 되어 있으면 unlock될 때까지 대기한다.
- F_TLOCK : F_LOCK과 같나 이미 lock 된 경우, error return 한다.
- F_ULOCK : lock을 해제한다.
- F_TEST : 지정된 부분에 lock이 걸려 있는지 단순히 test한다. 0이 반환되면 lock이 걸려 있지 않은 경우이고 -1 반환 시는 lock이 걸려있는 경우이다.

10.3 교착 상태(Deadlock)

임계 구역 보호를 위한 상호배제 도구를 사용할 때의 lock 획득 실패에 의한 대기는, 프로그래머의 부주의에 의한 deadlock(교착 상태)을 유발하는 원인이 되기도 한다. 먼저 deadlock 현상에 대해 알아보기 위해 다음과 같은 병행 프로세스 간의 실행 시나리오를 보기로 하자.(아래의 두 프로세스는 두 개의 파일에 같이 접근한다.)

```
process A                          process B
  :                                 :
lseek(fd1, 0L, 0);                 lseek(fd1, 0L, 0);
lseek(fd2, 0L, 0);                 lseek(fd2, 0L, 0);
lockf(fd1, F_LOCK, 0);             lockf(fd2, F_LOCK, 0);
   write to file fd1;                  write to fie fd2;
lockf (fd2, F_LOCK, 0);            lockf(fd1, F_LOCK, 0);
   write to file fd2;                  write to file fd1;
lseek(fd1, 0L, 0);                 lseek(fd1, 0L, 0);
lseek(fd2, 0L, 0);                 lseek(fd2, 0L, 0);
lockf(fd2, F_UNLOCK, 0);           lockf(fd1, F_UNLOCK, 0);
lockf(fd1, F_UNLOCK, 0);           lockf(fd2, F_UNLOCK, 0);
 :                                   :
```

위의 예에서 프로세스 A, B는 병행으로 실행되므로 다음과 같은 실행 순서도 발생할 수 있다.

```
process A:     lockf (fd1, F_LOCK, 0);     // lock 획득
process B:     lockf (fd2, F_LOCK, 0);     // lock 획득
process B:     lockf (fd1, F_LOCK, 0);     // lock 획득 실패 대기
process A:     lockf (fd2, F_LOCK, 0);     // lock 획득 실패 대기
```

위와 같은 순서로 병행 프로세스가 실행되면 프로세스 A와 B는 각각 fd1과 fd2에 대한 lock을 가진 상태에서 fd2와 fd1의 lock을 대기하는 상태가 된다. 이럴 때 두 프로세스는 모두 진행이 되지 않으므로 자신들이 lock한 파일을 unlock 할 수 없고, 따라서 두 프로세스는 영원히 대기하는 상태가 되어 프로그램은 전혀 진행되지 않는다. 이처럼 일어날 수 없는 사건을 기다리며 대기하는 프로세스가 병행 프로그램 내에 있을 때, 이를 교착상태(deadlock)가 발생하였다고 한다. 이와 같은 교착상태는 그 발생 이후에 또 다른 프로세스가 lock을 요청하게 되면 교착상태에 참여하는 프로세스가 점점 늘어나게 되고 결국에는 시스템을 마비시키는 상황까

지 유발할 수 있다. 프린터와 같이 상호배제적 모드로 사용해야 하는 운영체제 커널의 자원에 대한 교착상태는 커널에서 이를 방지하기 위한 방법을 제공하기도 하지만, 일반적인 사용자의 자원 공유 및 상호배제에 의한 교착상태는 사용자의 책임이므로, 프로그래머는 교착상태가 발생하지 않도록 유의하여 프로그램을 작성해야 한다.

사용자가 교착상태가 발생하지 않도록 프로그램하는 방법에는 여러 가지 기법이 있는데, 본 절에서는 한 가지 대표적인 기법을 알아보기로 한다.

10.3.1 Lock 획득 요청의 순서 정렬에 의한 방법

위의 예에서 교착상태가 발생한 원인은 fd1과 fd2에 대한 lock 요청을 두 프로세스가 서로 다른 순서로 했기 때문이다. 따라서 두 프로세스 모두 fd1 및 fd2에 대한 lock 및 unlock을 중첩되지 않게 하거나, 이것이 불가능하다면 fd1 및 fd2에 대한 lock의 순서를 다음과 같이 동일하게 하여야 한다.

process A	process B
	lockf(fd1, F_LOCK, 0);
lockf (fd1, F_LOCK, 0);	lockf(fd2, F_LOCK, 0);
write to file fd1;	write to fie fd2;
lockf (fd2, F_LOCK, 0);	
write to file fd2;	write to file fd1;

즉 process B의 경우 fd1에 대한 write는 fd2에 대한 write 이후에 발생하지만, 미리 lock을 획득하게 하는 방법이다. 이와 같은 실행 순서에서는 교착상태가 발생하지 않는데 이에 대한 분석은 연습 문제로 남긴다.

위의 예에서 교착상태가 발생한 또 하나의 요인은 추가적 lock 획득 실패 시, 프로세스가 한 파일에 대한 lock을 가진 상태에서 대기 상태로 진입하기 때문이다. 따라서 lock 획득을 요청할 때, F_TLOCK을 사용하여 이미 lock이 걸려 있으면 error return하도록 하여 프로세스를 종료하는 방법도, 교착상태를 방지하는 하나의 방법이 될 수 있다.

10.4 세마포어(Semaphore)

세마포어는 W. Dijkstra에 의해서 처음 제기된 개념으로 프로세스의 동기화를 위한 일반적 해법의 기반을 제공하는 도구이다. 세마포어는 앞 절에서 설명한 프로세스나 후에 설명될 스레드 간의 상호배제 도구 및 프로세스의 사건 대기 및 깨워줌의 수단으로 사용될 수 있다.

세마포어는 내부적으로 정수값과 프로세스의 대기 큐를 갖고, 정수값에 대한 세 가지 연산을 외부에 제공하는 일종의 클래스로 생각할 수 있다. 다음은 세마포어의 기본 연산의 설명을 위한 의사 코드이다.

```
Semaphore S;
init (S, n) {
    S.value = n;
}

wait(S)  {    // P 연산이라고도 함
    S.value = S.value - 1 ;
    if ( S.value < 0 ) {
        block this process;
        and add it to wait queue;
    }
}

signal(S)  {    // V 연산이라고도 함
```

```
    S.value = S.value + 1;
    if ( S.value <= 0 ) {
        remove a process from wait queue
        add it to ready queue;
    }
}
```

10.4.1 세마포어와 상호배제

위와 같은 세마포어 연산의 개념을 쉽게 이해하기 위해서 세마포어 S의 변수값을 임계 영역으로 진입할 수 있는 열쇠의 개수로 생각할 수 있다. 즉 임계 영역으로 진입하는 프로세스는 wait 연산을 통해 남은 열쇠의 개수를 하나 감소시키고 진입을 하게 된다. 이때 이미 다른 프로세스가 임계 영역으로 진입하였다면 열쇠의 개수는 음수가 될 것이고, 이에 따라 해당 프로세스는 대기 상태로 진입하게 된다. 즉 진입할 수 없을 경우, 대기 루프를 돌지 않고 CPU를 반납하여 CPU의 활용도를 높인다.

임계영역의 수행을 마친 프로세스는 signal 연산을 통하여 열쇠를 반납하며, 대기 프로세스가 있을 경우는 그중 하나를 깨워 준비 상태로 보내게 된다. signal 연산으로 대기 큐에 있는 프로세스 중에서 하나를 선택할 때에 시스템에 따라 FIFO나 스케줄링 우선순위가 적용된다. 위의 세마포어 구현에서 세마포어의 값이 음수일 때에는, 그 절대값은 대기 큐에서 기다리는 프로세스의 개수를 나타낸다. 다음은 세마포어를 이용한 상호배제의 의사 코드 구현이다.

```
Semaphore Mutex;
init(Mutex, 1);
        :
    wait (Mutex);
```

```
        critical section;
    signal (Mutex);
:
:
```

앞서 설명한 wait와 signal의 구현에서 주의해야 할 점은, 공유 변수 S.value를 사용한 wait와 signal 연산부 자체가 이미 임계 구역으로 원소적으로 수행되어야 한다는 점이다. 즉 wait와 signal 자체가 보호받아야 하는데, 이는 일반적으로 사용자 수준에서 해결하기 힘든 문제이다. 그래서 앞 절의 flock과 유사하게 세마포어와 그 연산은 일반적으로 커널에 의해 제공되는 것이 보통이다.

10.4.2 세마포어에 의한 동기화

```
process 1                          process 2

Semaphore Sync;                    Semaphore Sync;
init(Sync, 0);                   :
:                                    :
signal (Sync);                     wait (Sync);
  :                                  :
```

세마포어는 file lock과 같은 상호배제의 도구로 사용될 뿐 아니라 사건을 기다리는 프로세스를 깨워주는 동기화에도 사용될 수 있다. 위의 의사 코드를 보자.

위에서 Sync 세마포어는 0으로 초기화되었다. 따라서 wait를 실행하는 process 2는 process 1이 signal 연산을 수행하기 전까지는 대기하여야 한다. 이러한 개념을 프로세스 간의 동기화라 하는데 이에 대한 사용법은 예제에서 설명하기로 한다.

10.4.3 바이너리 세마포어와 카운팅 세마포어

세마포어는 세마포어 변수가 갖는 값의 범위에 따라 바이너리 세마포어와 카운팅 세마포어로 나누어진다. 바이너리 세마포어는 세마포어 변수가 0과 1의 값만을 갖는 것으로 1이면 임계 구역 진입이 가능한 상태이고 0이면 진입할 수 없는 상태이다(flock의 개념과 유사하다). 카운팅 세마포어는 세마포어 변수의 값이 -n에서 +n까지의 값을 가질 수 있는 것으로 -n의 값은 n개의 프로세스가 임계 구역의 진입을 위해 대기 중임을 나타낸다. +n의 값을 갖는 세마포어는 임계 구역 진입을 n 개의 프로세스까지 허용할 수 있는 경우를 나타낸다. 이러한 카운팅 세마포어는 바이너리 세마포어의 좀더 일반적인 형태로 앞으로 나올 동기화의 경우에는 좀더 편리하게 사용될 수 있다.

10.4.4 리눅스 계열의 세마포어

위와 같은 개념의 세마포어는 리눅스에서 두 가지 형태로 제공된다. 하나는 전통적인 SysV 세마포어의 형태이고 다른 하나는 POSIX 1003.1b 표준 세마포어이다. SysV 세마포어는 프로세스 간의 동기화를 위한 도구로 사용되고, POSIX 1003.1b 세마포어는 원래 프로세스 및 스레드를 대상으로 하나, 현재 리눅스에서는 스레드 간의 동기화 부분만 제공한다. 본 절에서는 일단 프로세스 간의 동기화 도구로 사용되는 SysV 세마포어를 설명하고, POSIX 1003.1b 세마포어는 스레드 관련 절에서 설명한다.

SysV 세마포어 관련 함수들은 사용의 편의를 위해 하나의 세마포어 대신 여러 개의 세마포어의 집합을 대상으로 하고 있다. 다음은 세마포어의 할당 및 연산 관련 함수에 대한 설명이다.

```
SEMGET(2)
#include <sys/types.h>
#include <sys/ipc.c>
#include <sys/sem.h>

int semget (key_t key, int nsems, int semflg);
```

입력 값
- key : 정수값으로, 여러 프로세스가 같은 세마포어에 접근하기 위해 사용하는 시스템에서의 어떤 세마포어에 대한 고유한 값이다. 즉 서로 다른 프로세스가 같은 세마포어를 사용하기 위해서는 약속된 key 값을 사용해야 한다. 특수한 경우로서, key 값이 IPC_PRIVATE일 경우는 세마포어를 생성하는 프로세스만이 단독으로 사용할 수 있다.
- nsems : 세마포어 집합을 구성할 때 세마포어의 개수를 말한다. 일반적으로 1을 사용한다.
- semflg : open 함수에서의 파일 생성에서와 같은 의미가 있다.
  IPC_CREAT : key에 사상된 세마포어가 없으면 생성한다. 세마포어가 이미 존재하면 해당 세마포어의 id를 반환한다.
  IPC_EXCL : IPC_CREAT와 같이 사용될 경우, 세마포어가 이미 존재하면 오류를 반환한다.
  세마포어 생성때 semflg의 아래부분 9 bit는 파일 생성 시의 접근 권한과 같은 의미로 사용된다.

반환 값
- 정상 : 세마포어의 id가 반환된다.
- 에러 : -1 (이유 : errno)

위의 semget 함수에서 key는 세마포어 생성 및 기존 세마포어에의 접근을 위한 open과 같은 의미로 사용되며 일단 semget 함수에 의한 세마포어 식별자 획득 이후에는 식별자만으로 모든 연산이 이루어진다.

서로 다른 프로세스가 공통의 세마포어에 접근하기 위해서는 같고 유일한 key를 사용해야 한다. 이러한 key의 선정을 위해 편리한 함수인 ftok이 제공되는데, 그 내용은 다음과 같다.

```
FTOK(3)
#include <sys/types.h>
#include <sys/ipc.h>

ket_t ftok (const char *pathname, int proj_id);
```

위 함수에서 pathname은 기존의 약속된 파일이며 이 pathname과 proj_id의 하위 8 bit으로 고유의 key_t를 생성한다. 이러한 함수는 단지 사용의 편의를 위한 것이며 반드시 사용해야 하는 것은 아니다.

커널의 세마포어 내부 자료에는 다음과 같은 정보들이 포함된다.

semval : 정수로 세마포어의 현재 값
sempid : 마지막으로 세마포어에 연산을 수행한 프로세스의 id
semncnt : 현재의 세마포어 값보다 큰 값을 가지기를 대기하는 프로세스의 개수
semzcnt : 세마포어의 값이 0이 되기를 대기하는 프로세스의 개수

다음은 세마포어의 값 변경을 위한 함수이다.

```
SEMOP(2)
#include <sys/types.h>
#include <sys/ipc.c>
#include <sys/sem.h>

int semop (int semid, struct sembuf *sops, unsigned nsops);

    입력 값
      - semid : 연산을 원하는 세마포어 집합의 id
      - sops : sembuf의 배열(array)의 주소로 각 배열의 원소 구조체
        sembuf는 집합 내의 한 세마포어에 대한 연산 정보를 포함한다.
```

```
struct sembuf {
    short sem_num;// 집합내의 세마포어 번호. 세마포어가 집합이
            // 아닐 때에는 0을 사용한다.
    short sem_op; // -1일 경우는 P 연산 (wait), +1일 경우는
            // V 연산 (signal)을 의미한다.
    short sem_flg; // IPC_NOWAIT : 세마포어에 대해 P 연산으로 대
                    기 되어야 할 때, 대기하지 않고 반환된다.
              // SEM_UNDO : 프로세스 종료 시 세마포어 원상복구,
                프로세스가 세마포어를 해제(release, signal)하지
                않고 중단될 때를 대비한 원상 복구 모드(이 모드
                가 안전하다. )
};
```

- nsops : sops 배열의 원소 개수
- open 함수에서의 파일 생성에서와 같은 의미가 있다.

반환 값

- 정상 : 0
- 에러 : -1

```
SEMCTL(2)
#include <sys/types.h>
#include <sys/ipc.c>
#include <sys/sem.h>

int semctl (int semid, int semnum, int cmd);
int semctl (int semid, int semnum, int cmd, union semun arg);
```

입력 값

- semid : 연산을 원하는 세마포어 집합의 id
- semnum : 집합 내의 세마포어 번호 세마포어 번호는 0으로 시작한다.
- cmd : 세마포어에 적용될 명령 요구. 다음은 세마포어 집합일 경우의 명령이다.
    - IPC_STAT : 네 번째 인수인 arg의 arg.buf에 세마포어 집합의 자료 구조를 복사한다. 이 경우 semnum 인수는 무시된다.
    - IPC_SET : 네 번째 인수인 arg의 arg.buf에 지정된 값들로 세마포어 집합을 설정한다.

IPC_RMID : 세마포어 집합을 삭제하며 모든 대기 프로세스를 깨운다.

이상은 세마포어 집합 관련으로 상세한 설명은 생략한다. 다음은 단일 세마포어일 경우의 명령이다.

GETVAL : 세마포어의 값 semval을 반환한다.

SETVAL : 세마포어의 값을 arg.val로 설정한다.

기타 명령은 매뉴얼 참조

- arg : 세마포어의 값이나 세마포어 집합 정보를 위한 buffer 등으로 구성되는 union 구조이다. (cmd에 따라 용법이 달라지므로) GNU 라이브러리 사용 시(#define __GNU_LIBRARY__), <sys/sem.h>에 구조가 있고 그 외의 경우에는 사용자가 다음과 같이 정의하여야 한다.

```
union semun {
    int val;      // SETVAL 시 사용할 세마포어의 값
    struct semid_ds *buf;  // IPC_STAT와 IPC_SET 사용 시의 버퍼
    unsigned short int *array; // GETALL과 SETALL 사용 시의 array
    struct seminfo *__buf;  // IPC_INFO 시의 버퍼
  };
```

반환 값

- 정상 : 0
- 에러 : -1

다음 예제 프로그램은 fork에 관한 절에서 설명한 바 있는 parent/child의 동시 파일 복사의 문제에서 임계 구역의 문제를 semaphore로 해결한 것이다. 파일 오픈 후에 parent와 child는 한 자 씩 동시에 파일 복사를 수행하게 된다. 그러나 두 프로세스는 file pointer(read/write offset)를 공유하므로 파일의 문자의 순서가 뒤바뀌는 경우가 있음을 설명하였다. 즉 한 프로세스가 파일에 대해 read를 하고 그 문자를 write하는 것은 원소적으로 일어나야 하는 임계 구역이다. 다음 프로그램은 semaphore를 이용하여 이러한 상호배제를 구현한 것이다.

```
#include <stdio.h>
#include <sys/types.h>
#include <sys/ipc.h>
#include <sys/sem.h>
#include <errno.h>
#include <stdlib.h>
#define SEMPERM 0600

int sem_wait (int sem_id)
{
        struct sembuf sem_buf;

        sem_buf.sem_num = 0;
        sem_buf.sem_op = -1;
        sem_buf.sem_flg = SEM_UNDO;
        if (semop(sem_id, &sem_buf, 1) == -1) {
                perror ("wait opertion failed\n");
                exit(1);
        } else
                return 0;
}

int sem_signal (int sem_id)
{
        struct sembuf sem_buf;
```

```
        sem_buf.sem_num = 0;
        sem_buf.sem_op = 1;
        sem_buf.sem_flg = SEM_UNDO;
        if (semop(sem_id, &sem_buf, 1) == -1) {
                perror ("signal opertion failed\n");
                exit(1);
        } else
                return 0;
}

int main(void)
{
        int old_fd, new_fd, n;
        char buf;
        int sem_id;
        key_t  sem_key = 0x200;
        int status = 0;

        old_fd = open("input_file", 0);
        new_fd = creat ("output_file", 0666);

        fork();
        if ( (sem_id = semget(sem_key, 1,
                     SEMPERM | IPC_CREAT|IPC_EXCL)) == -1) {
                if (errno == EEXIST)  sem_id = semget (sem_key, 1,
0);
        } else // created
                status = semctl (sem_id, 0, SETVAL, 1);
        if (sem_id == -1 || status == -1) {
                perror ("init semaphore failed\n");
                exit(1);
        }
        while (1) {
                sem_wait (sem_id);
                n = read (old_fd, &buf, 1);
                if (n <= 0) {  // EOF
```

```
                    sem_signal(sem_id);
                    break;
                } else {
                    write(new_fd, &buf, n);
                    sem_signal(sem_id);
                }
        }
        semctl(sem_id, 0, IPC_RMID);  // remove semaphore
        close(old_fd);
        close(new_fd);
        exit(0);

}
```

연습 문제

1. 생성된 child는 semaphore P 연산으로 대기하고, parent가 V 연산으로 신호를 주면 child가 실행을 시작하는 형태의 프로그램을 작성하시오.
2. 4장 연습문제의 student record file의 각 record 조회 및 수정 연산을 여러 프로세스가 동시에 한다. 이때의 올바른 연산을 위해 fcntl을 사용하여 record에 대해 shared lock과 exclusive lock을 구현하시오.
3. 두 프로세스 간에 semaphore를 이용하여 deadlock을 만들어 보시오.

참고문헌

1] K. Haviland, UNIX System Programming(2E), Addison Wesley,
2] 김길창, 김정국, 운영체제개념, 홍릉과학출판사, 2003

제11장

프로세스 간 고급 통신 도구 : IPC Ⅳ

프로세스 간의 통신이란 세마포어, 파일 lock, 시그널의 예에서 보았듯이 한 프로세스의 실행이 타 프로세스의 실행에 영향을 미치는 동기화에서부터, 프로세스 간의 여러 통신 기법에 의한 전송 및 수신 대기 등을 포괄한다. 이 절에서는 리눅스 및 유닉스 계열에서 제공되는 SysV IPC 도구에 대하여 설명한다.

전통적인 SysV IPC로서 리눅스에서 제공되는 기법들은 다음과 같다.

- semaphore
- message passing (Message queue)
- shared memory

세마포어에 대해서는 이미 설명한 바 있는데, 위의 세 가지 기법은 모두 유사한 체계의 함수들에 의해 관리 사용된다. 즉, 위 세 가지 통신 도구를 사용하려면 각 형태의 IPC 객체를 생성해야 하고, 이들의 생성은 세마포어에서 설명한 key에 의해 이루어진다.

11.1 메시지 큐(Message Queue)

프로세스는 프로세스 사이에 msgget 함수에 의해 생성된 통로인 message queue에 의해 바이트 스트림 메시지를 다른 프로세스에 전달할 수 있다. 일단 message queue가 생성되면 프로세스는 msgsnd에 의해 메시지를 삽입/전송하고 수신 프로세스는 msgrcv에 의해 message queue로부터 메시지를 가져오게 된다. 이러한 통신은 pipe 통신과 마찬가지로 메시지가 없으면 수신 프로세스는 대기하게 된다. 관련 함수들은 다음과 같다.

```
MSGGET(2)
#include <sys/types.h>
#include <sys/ipc.h>
#include <sys/msg.h>

int msgget (key_t key, int msgflg);

    입력 값
      - key : message passing IPC 객체를 생성할 때 사용하는 약속
        된 key이다.
      - msgflg : 세마포어 생성 시의 semflg 와 같은 의미를 가진다.
        (IPC_CREAT, IPC_EXCL 및 permission flag)
    반환 값
      - 정상 : message queue의 id가 반환된다.
      - 에러 : -1
```

다음은 message queue 생성을 위한 호출이다.

```
msg_q_id = msgget((key_t)0200, 0666 | IPC_CREAT | IPC_EXCL);
```

위에서 IPC_CREAT|IPC_EXCL은 생성된 메시지 큐가 없으면 생성하고, 이미 존

재하면 오류 반환을 요구하는 옵션이다. 0666은 파일과 같은 접근 권한을 나타내는데 송신 프로세스는 메시지 큐에 대해 write 권한을, 수신 프로세스는 read 권한을 가져야 한다.

```
MSGOP(2)
#include <sys/types.h>
#include <sys/ipc.h>
#include <sys/msg.h>

int msgsnd (int msqid, struct msgbuf *msgp, size_t msgsz, int
msgflg);

struct msgbuf {
        long mtype;             /* message type, must be > 0 */
        chat mtext[user-defined size];      /* message data */
};
```

입력 값

- msqid : message queue의 id
- msgp : 사용자가 정의하는 msgbuf 구조체의 주소로서 mtext는 message byte stream을 저장하는 배열이고, mtype은 0보다 큰 값으로 수신 프로세스의 메시지 구분에 사용되며 그 의미는 msgrcv에서 설명한다.
- msgsz : mtext 배열의 크기
- msgflg : msgsnd 시에 메시지 큐의 크기가 시스템으로부터 할당된 크기를 초과할 때에 송신 프로세스는 대기하게 된다.(msgflag가 0일 경우) 단 이 경우 msgflag가 IPC_NOWAIT로 설정되면 대기없이 error return 하게 된다.

반환 값

- 정상 : 0
- 에러 : -1 (errno)

```
MSGOP(2)
#include <sys/types.h>
#include <sys/ipc.h>
#include <sys/msg.h>

ssize_t msgrcv (int msqid, struct msgbuf *msgp, size_t msgsz,
long msgtyp, int msgflg);
```

입력 값

- msqid : message queue의 id
- msgp : 수신 메시지 버퍼 (수니 메시지는 메시지 큐에서 삭제된다.)
- msgsz : 메시지 수신의 최대 크기
- msgtyp : 메시지 수신의 방법이나 종류를 지정한다.
  - msgtyp = 0인 경우 : 수신 메시지의 mtype에 관계없이 큐의 처음 메시지를 가져온다.
  - msgtyp > 0인 경우 : 수신 메시지의 mtype이 msgtyp와 일치하는 것 중에서 큐의 가장 앞에 있는 메시지를 가져온다.
  - msgtyp < 0인 경우 : 수신 메시지의 mtype이 msgtyp보다 작은 것 중에서 가장 작은 mtype을 가진 처음 메시지를 가져온다. 이러한 메시지가 없으면 msgtyp의 절대값에 해당하는 메시지를 가져온다.
- msgflg : 큐 안 메시지의 본래 크기가 지정한 msgsz를 초과할 때 msgflg가 MSG_NOERROR이면 본래 메시지를 크기대로 절삭하여 반환한다. 이때 본래의 메시지 모두는 큐에서 삭제된다. MSG_NOERROR가 설정되지 않았을 경우에 크기에 차이가 나면 메시지는 큐에 존속하고 이 함수는 error return 한다. IPC_NOWAIT가 설정될 경우 메시지가 없으면 즉시 error return 한다. MSG_EXECPT의 설정은 msgtyp가 0보다 큰 경우 사용하는데, 이 때에는 msgtyp과 다른 mtype의 메시지 중 큐의 처음 메시지를 가져온다.

반환 값

- 정상 : mtext에 수신하여 복사한 메시지의 실제 크기를 반환한다.
- 에러 : -1 (errno)

```
MSGCTL(2)
#include <sys/types.h>
#include <sys/ipc.h>
#include <sys/msg.h>

int msgctl (int msgid, int cmd, struct msgqid_ds *buf);
```

입력 값

- msqid : message queue의 id
- cmd : 메시지 큐에 대한 제어 명령으로 다음과 같은 것들이 있다.
  - IPC_STAT : 메시지 큐의 시스템 자료 구조를 buf에 복사한다.
  - IPC_SET : buf의 내용으로 메시지 큐의 시스템 자료 구조를 설정한다. 메시지 큐의 시스템 자료 구조인 struct msgqid_ds의 주요 멤버들은 리눅스 매뉴얼을 참조하기 바란다.
  - IPC_RMID : 메시지 큐를 시스템에서 제거하고 대기하는 송신 프로세스나 수신 프로세스를 모두 깨운다. 메시지 큐의 제거로 송수신 대기에서 깨어나는 프로세스는 error return 되며 이때 errno의 값은 EIDRM이다.
- buf : IPC_SET이나 IPC_STAT에서 사용하는 메시지 큐의 시스템 자료 구조이다.

반환 값

- 정상 : 0
- 에러 : -1 (errno)

msgctl 함수는 메시지 큐에 의한 통신을 종료할 때 사용한다. 위와 같은 함수들을 이용한 프로세스 간 통신을 이해하기 위하여 다음과 같은 예제 프로그램을 살펴보기로 한다.

다음의 예제는 메시지 패싱에 메시지의 우선순위를 부여하고 서버 프로세스는 메시지의 우선순위에 따라 서비스를 실행하는 전형적인 프로그램이다. 아래의 예에서 메시지 우선순위의 숫자가 작을수록 가장 먼저 서비스된다.

```
/* prio_queue.h : 후속 프로그램을 위한 header file */
#include <sys/types.h>
#include <sys/ipc.h>
#include <sys/msg.h>
#include <string.h>
#include <errno.h>

#define  MSGQKEY      (key_t)0100      /* message queue 생성 key */
#define  MAXLENGTH   100               /* 최대 메시지 길이 */
#define  MAXPRIO     10                /* 최대 우선순위 */
#define  PERMISSION  0660              /* message queue 접근 권한 */
#define  MAX_REPEAT  5

struct msgbuf {
        long mtype;
        char mtext[MAXLENGTH + 1];
};
```

```
/* client proecess */
#include <stdio.h>
#include <stdlib.h>
#include <unistd.h>
#include "prio_queue.h"

/* msg_put routine */
int msg_put (int msgq_id, char *request, int prio)
{
        int len;
        struct msgbuf req_msg;

        if ((len = strlen(request)) > MAXLENGTH) {
                perror("request too long");
                return -1;
        }
```

```
        if (prio > MAXPRIO || prio < 0) {
                perror ("wrong priority\n");
                return -1;
        }

        /* initialize message buffer */
        req_msg.mtype = (long)prio;
        strncpy(req_msg.mtext, request, MAXLENGTH);

        /* send message */
        if (msgsnd(msgq_id, &req_msg, len, 0) == -1) {
                perror("message send failed");
                return -1;
        } else
                return 0;
}

/* client process */
int main (void)
{
        int msg_prio, msgq_id, i;
        msgq_id = msgget(MSGQKEY, PERMISSION | IPC_CREAT );

        if (msgq_id == -1) {
                perror("msg queue creation failed ");
                exit(1);
        }

        for(i = 0; i < MAX_REPEAT; i++)  {
                if(msg_put(msgq_id, "test message", 5 - i ) < 0)
{
                  perror("msg send failed");
                  exit(1);
                }
        }
}
```

```
/* server process */
#include <stdio.h>
#include <stdlib.h>
#include <unistd.h>
#include "prio_queue.h"

/* msg_put routine */
int msg_service (int msgq_id)
{
    int len;
    struct msgbuf req_msg;

/* 우선순위 순서에 의한 메시지 수신 */
    if ((len = msgrcv (msgq_id, &req_msg, MAXLENGTH,
                    (-1 * MAXPRIO), MSG_NOERROR)) == -1 ) {
        perror ("message recv failed");
        return -1;
    } else {
        printf("received message , priority = %s, %d\n",
                        req_msg.mtext, req_msg.mtype) ;
        return 1;      /* end of service */
    }
}

/* server  process */
int main (void)
{
    int msg_prio, msgq_id;
    int i, result;

    msgq_id = msgget (MSGQKEY, PERMISSION | IPC_CREAT );
    if (msgq_id == -1) {
        perror ("msg queue creation failed ");
        exit(1);
    }

    for (i=0; i < MAX_REPEAT; i++) {
```

```
        result = msg_service (msgq_id);
        if ( result < 0) {
            perror ("msg service failed");
            break;
        }
}

if (msgctl (msgq_id, IPC_RMID, 0) == -1) {
    perror ("msgq remove failed");
    exit(1);
    }
}
```

위 프로그램의 테스트를 위해서는 클라이언트를 먼저 수행시키고 이의 종료 후에 서버 프로세스를 실행하여 우선순위대로 메시지가 배달되었는가 확인한다.

11.2 공유 메모리(Shared memory)

이 교재의 뒷부분에 나오는 thread는 프로세스와 달리 데이터 영역을 공유하므로 thread의 간의 통신에서 공유 데이터 영역을 편리하게 사용할 수 있다. 그러나 프로세스들은 그들이 parent/child의 관계가 있던 없던, 별도의 데이터 영역을 가지므로 변수 차원의 공유 접근에 의한 통신을 하려면 두 개 이상의 프로세스가 공유하는 데이터 공간을 share memory IPC 객체로 할당하여야 한다. 이는 마치 memory mapped file과도 유사한 것으로서 할당받은 공유 메모리 영역에 여러 프로세스가 read나 write를 함으로써 서로 간의 정보를 주고받을 수 있는 기법이다. 이러한 공유 메모리 영역의 read나 write 시에 임계 구역이 있으면 앞서 설명한 세마포어(semaphore) 등의 상호배제 도구를 사용하여야 함은 당연하다. shared memory는 각 공유 프로세스의 가상 공간에 만들어지고 실제 물리적 메모리는 같은 곳에 사상함으로써 제공된다. 다음은 공유 메모리 관련 함수들로 이미 설명한 semaphore나 message passing IPC 객체와 유사한 함수들로 구성된다.

```
SHMGET(2)
#include <sys/ipc.h>
#include <sys/shm.h>

int shmget (key_t key, int size, it shmflg);

    입력 값
      - key : message passing IPC 객체를 생성할 때 사용하는 약속
        된 key이다.
      - size : 공유 메모리의 공간 크기로 실제로는 size보다 큰
        PAGE_SIZE의 배수로 할당된다.
      - shmflg : 세마포어 생성 시의 semflg 와 같은 의미를 가진다.
        (IPC_CREAT, IPC_EXCL 및 permission flag)
    반환 값
      - 정상 : shared memory의 id가 반환된다.
      - 에러 : -1
```

shmget을 통해 할당된 공유 메모리 객체는 다음의 shmat 함수를 통해 각 프로세스의 적당한 가상 공간에 사상되어야 한다. 반대로 공유 메모리의 사용을 마친 프로세스는 공유 메모리 객체를 제거하기 전에 shmdt 함수를 이용하여 자신의 주소 공간으로의 사상을 해제하여야 한다.

```
SHMOP(2)
#include <sys/ipc.h>
#include <sys/shm.h>

void *shmat (int shmid, const void *shmaddr, int shmflg);
int shmdt (const void *shmaddr);
```

입력 값

- shmid : shared memory 객체의 id
- shmaddr : 공유 메모리가 사상될 각 프로세스의 가상 공간의 주소이다. NULL이 주어지면 시스템이 적당한 연속된 가상 공간으로 사상하고 그 주소를 함수 결과로 반환한다. shmaddr을 직접 지정할 수 도 있으나 이는 오류의 확률이 있으므로 이 경우에 대한 설명은 생략한다. shmdt 함수의 경우에 shmaddr은 사상이 해제될 주소이다.
- shmflg : SHM_RDONLY가 설정되면 읽기 전용으로 사상된다.

반환 값

- 정상 : shmat -> 사상된 가상 주소 공간의 주소, shmdt -> 0
- 에러 : -1 (errno)

```
SHMCTL(2)
#include <sys/ipc.h>
#include <sys/shm.h>

void shmctl (int shmid, int cmd, struct shmid_ds *buf);
```

입력 값

- shmid : shared memory 객체의 id
- cmd : 공유 메모리에 대한 제어 명령으로 다음과 같은 것들이 있다.

  IPC_STAT : 공유 메모리 객체의 시스템 자료 구조를 buf에 복사한다.

  IPC_SET : buf의 내용으로 공유 메모리 객체의 시스템 자료 구조를 설정한다. 공유 메모리의 시스템 자료 구조인 struct shmid_ds의 주요 멤버들은 리눅스 매뉴얼을 참조하기 바란다.

  IPC_RMID : 공유 메모리 객체를 시스템에서 제거한다. 제거를 위해서는 먼저 shmdt를 통해 사상이 해제되어야 한다.

- buf : IPC_SET이나 IPC_STAT에서 사용하는 공유 메모리 객체의 시스템 자료 구조이다

반환 값

- 정상 : 0
- 에러 : -1 (errno)

parent 프로세스에 의해 생성되고 사상된 공유 메모리 공간은 fork된 child에 상속되어 별도의 절차 없이 사용할 수 있다.

11.2.1 병행 프로세스에 의한 double buffering의 예

다음 예제는 shared memory의 사용 및 이와 관련된 동기화에서의 세마포어의 사용 예를 보여주는 프로그램이다. 이 프로그램에서는 두 개의 프로세스가 두 개의 공유 메모리 버퍼를 사용하여 병행으로 읽기와 쓰기를 수행한다. 즉, reader 프로세스는 파일에서 일정 크기의 스트림을 하나의 버퍼에 읽어 들이고, writer 프로세스는 이와 병행으로 또 다른 버퍼의 내용을 복사 파일에 출력한다. 한 버퍼에 읽기를 완료한 reader 프로세스는 writer의 현재 버퍼가 모두 출력되기를 기다려 (동기화) writer의 버퍼에서 읽기를 시작한다. 파일 출력을 마친 writer 프로세스는 reader의 버퍼가 모두 차기를 기다려 출력을 시작한다. 이와 같은 과정을 pseudo code로 요약하면 다음과 같다.

```
reader : (다음의 행위를 반복한다.) {
        공유 메모리 버퍼-1에 파일 입력을 수행한다.;
        writer에게 이 사실을 세마포어의 V 연산으로 알린다.;
        writer의 버퍼-2의 출력 완료를 세마포어의 P 연산으로 기다린다.;

        공유 메모리 버퍼-2에 파일 입력을 수행한다.;
        writer에게 이 사실을 세마포어의 V 연산으로 알린다.;
```

```
        writer의 버퍼-1의 출력 완료를 세마포어의 P 연산으로 기다린다.;
}
writer :  (다음의 행위를 반복한다.) {
        reader의 버퍼-1이 채워짐을 세마포어의 P 연산으로 기다린다.;
        writer에게 버퍼-2가 비었음을 세마포어의 V 연산으로 알린다.;
        공유 메모리 버퍼-1의 내용을 복사 파일에 출력한다.;
        reader의 버퍼-2의 입력 완료를 세마포어의 P 연산으로 기다린다.;
        reader에게 버퍼-1 출력 완료 사실을 세마포어의 V 연산으로 알린다.;

        공유 메모리 버퍼-2의 내용을 복사 파일에 출력한다.;
}
```

이와 같은 더블 버퍼링 기법은 입출력의 속도를 증가시키기 위해 자주 사용되는 전형적인 pipeline 기법이다.

```
/* 공유 메모리 및 세마포어 예를 위한 헤더 파일 shm_sem.h */

#include <stdio.h>
#include <signal.h>
#include <sys/types.h>
#include <sys/ipc.h>
#include <sys/shm.h>
#include <sys/sem.h>

#define SHM_KEY   (key_t) 0x100 /* 공유 메모리 키 */
#define SEM_KEY   (key_t) 0x200 /* 두 개 세마포어 집합의 생성 키 */

/* 단위 버퍼, 데이터와 읽은 바이트 수를 저장한다. */
struct databuf {
    int bytes;
    char block_buf[BUFSIZ]; // BUFSIZ는 stdio.h에 정의된 디스크 블록 크기
};
/* double buffer */
```

```
struct double_buf {
    struct databuf buffers[2];
};

typedef union _semun {    // semctl 입력 변수 구조체
    int val;
    struct semid_ds *buf;
    ushort *array;
    struct seminfo *__buf;
} semun;
```

```
/* 초기화 루틴들 */

#include "shm_sem.h"
#include <stdlib.h>

static int shmid, semid;    /* shared memory & semaphore id */

void creat_shm(struct double_buf **p)
{
    /* 공유 메모리 영역을 생성 */
    if ((shmid = shmget (SHM_KEY, sizeof(struct double_buf),
            0600 | IPC_CREAT | IPC_EXCL)) == -1)  {
        perror ("shmget");
        exit(1);
    }

    /* 공유 메모리 영역을 프로세스 주소 공간에 사상 */
    if ( (*p = (struct double_buf *) shmat (shmid, 0, 0)) == -1) {
        perror ("shmat");
        exit(1);
    }
}

int creat_sem (void)    /* 세마포어 집합 생성 */
```

```
{
    semun tmp;
    tmp.val = 0;

        /* 두 개의 세마포어를 갖는 집합을 생성 */
    if( (semid = semget(SEM_KEY, 2, 0600 | IPC_CREAT | IPC_EXCL)) == -1) {
        perror("semget");
        exit(1);
    }

    /* 두 세마포어의 초기 값을 모두 0으로 지정한다. */
    if (semctl (semid, 0, SETVAL, tmp) == -1) {
        perror ("semctl"); exit(1);
    }

    if (semctl (semid, 1, SETVAL, tmp) == -1) {
        perror ("semctl"); exit(1);
    }

    return (semid);

}

/* 두 세마포어를 위해 p()와 v()를 정의한다. */
struct sembuf wait_buffer_full = {0, -1, 1}, wait_buffer_empty = {1, -1, 0};
struct sembuf signal_buffer_full = {0, 1, 0}, signal_buffer_empty = {1, 1, 0};

/* reader -- 파일 읽기를 처리한다. */
void reader (int semid, struct double_buf *buf)
{
    int buf_n = 0;          /* current buffer number */

    for(;;) {
        /* current buf[i]로 읽어 들인다. */
        buf ->buffers[buf_n].bytes =
            read(0, buf ->buffers[buf_n].block_buf, BUFSIZ);
        /* 동기화 지점 */
```

```
        semop (semid, &signal_buffer_full, 1);      // signal a buffer full
        semop (semid, &wait_buffer_empty, 1);       // wait a buffer empty

        /* EOF */
        if (buf ->buffers[buf_n].bytes <=0)
                return;
        buf_n = (buf_n++)%2;    /* next buffer */
    }
}

/* writer -- 쓰기를 처리한다. */
void writer (int semid, struct double_buf *buf)
{
    int buf_n = 0;      /* current buffer */

    for(;;) {
        semop (semid, &wait_buffer_full, 1); // wait a buffer full
        semop (semid, &signal_buffer_empty, 1);  // signal a buffer empty

        if (buf->buffers[buf_n].bytes <= 0)    // EOF
        return;

        write (1, buf->buffers[buf_n].block_buf, buf->buffers[buf_n].bytes);
        buf_n = (buf_n++)%2;       /* next buffer */
    }
}

int main()
{
    int semid;
    pid_t pid;
    struct double_buf *buf;

    /* 세마포어 집합 생성 및 초기화 */
    /* 동기화 목적이므로 모두 0으로 초기값을 지정함 */
    semid = creat_sem();
    /* 공유 메모리 영역을 생성하고 사상 */
```

```
    creat_shm (&buf);

    if  ( fork() == 0) {    /* child */
            writer (semid, buf);
            exit(0);
    } else {     /* parent */
            reader (semid, buf);
            wait();
    }

    /* remove shared memory and semaphore set */
    if (shmctl (shmid, IPC_RMID, NULL) == -1) {
        perror ("shmctl"); exit(1);
    }
    if (semctl (semid, 0, IPC_RMID) == -1)  {
        perror ("semctl"); exit(1);
    }

    return 0;
}
```

11.2.2 IPC 관리를 위한 쉘 명령어들

생성된 SysV IPC 객체인 semaphore, shared memory, message queue 들의 상태를 조사하거나 이들은 강제적으로 제거 할 때에는 쉘 명령어인 ipcs와 ipcrm을 각각 사용할 수 있다. ipcs는 생성된 shared memory segment, semaphore, message queue의

key, id, owner id, permission, …, 상태

등의 정보를 알려주는 명령어이다. ipcrm은 key나 id에 의해 ipc 객체를 시스템에서 제거한다.(온라인 매뉴얼 참조)

연습 문제

1. 세 프로세스(parent, child1, child 2)가 각각 다음과 같은 일을 한다. Parent는 기존 파일을 10byte 단위로 읽어 이를 message queue1을 통해 child1에게 전달한다. Child1은 message queue1으로부터 받은 블록의 소문자를 대문자로 바꾸고 이를 다시 message queue 2를 통해 child2에 전달한다. Child2는 이를 받아 새로운 파일에 출력한다. 이와 같은 프로그램을 작성하시오
2. shared memory를 할당하여 parent와 child 간의 생산자 소비자 문제를 구현하시오.

참고문헌

1] K. Haviland, UNIX System Programming(2E), Addison Wesley,
2] 김길창, 김정국, 운영체제개념, 홍릉과학출판사, 2003

제12장

시간 관리

이 장에서는 시스템 시간, 인터벌 타이머 등 시간에 관련된 리눅스 운영체제의 기능에 대해 알아본다. 먼저 시간을 표시하기 위한 구조체에 대해 알아 보자.

12.1 시간 표시를 위한 구조체

시간을 관리하기 위한 프로그램을 위해 리눅스에서 제공되는 시간에 관한 구조체에는 다음의 두 가지가 있다.

12.1.1 달력시간

UTC(Coordinated Universal Time)이라고도 불리며 달력 시간을 1970년 1월 1일을 기준으로 경과된 초로 계산하여 나타내며 time_t를 사용하여 그 값을 나타낸다. 파일에 관련된 여러 시간도 이 값을 사용한다.

12.1.2 struct tm

연월일 등의 단위로 시간을 나타낼 대 사용하는 구조체로 다음과 같은 정보로 구성된다.

```
struct tm {
        int     tm_sec;         /* seconds */
        int     tm_min;         /* minutes */
        int     tm_hour;        /* hours */
        int     tm_mday;        /* day of the month */
        int     tm_mon;         /* month from 0 to 11 */
        int     tm_year;        /* year from 1900 */
        int     tm_wday;        /* day of the week */
        int     tm_yday;        /* day of the year */
        int     tm_isdst;       /* daylight savings time */
};
```

이외에도 프로세스의 실행 시간, 실행 인터벌 등을 나타내는 구조체가 있는데 이는 관련 절에서 설명하기로 한다.

12.1.3 시간처리 함수들

다음은 시간 처리에 관련된 기능을 제공하는 함수들이다.

다음의 time 함수는 UTC time을 반환하는 함수이다.

```
TIME(2)
#include <time.h>

time_t time(time_t *tloc);

    입력 값
        - tloc: 시간이 저장될 위치의 포인터
    반환 값
        - 정상: 초로 나타낸 현재시간
        - 에러: -1
```

다음의 stime 함수는 주어진 UTC time으로 현재 시스템 시간을 설정한다.

```
STIME(2)
#include <time.h>

int stime(const time_t *tp);

    입력 값
        - tp: 설정하고자 하는 시간 값
    반환 값
        - 정상: 0
        - 에러: -1
```

다음의 localtime 함수는 주어진 UTC 시간을 지역 시간으로 환산하여 tm 구조체의 형식으로 반환한다.

```
CTIME(3)
#include <time.h>

struct tm *localtime(const time_t *clock);

    입력 값
        - clock : 초로 나타낸 시간 값
    반환 값 : tm 구조체로의 포인터
```

다음의 gmttime 함수는 주어진 UTC 시간을 그리니치 기준 시각으로 환산하여 tm 구조체의 형식으로 반환하는 함수이다.

```
CTIME(3)
#include <time.h>

struct tm *gmtime(const time_t *clock);

    입력 값
        - clock : 초로 나타낸 시간 값
    반환 값 : tm  구조체로의 포인터 (그리니치 mean time)
```

다음의 ctime 함수는 주어진 UTC 시간을 지역 시간으로 환산하여 string으로 반환한다.

```
CTIME(3)
#include <time.h>

char *ctime(const time_t *clock);

    입력 값
       - clock : 초로 나타낸 시간 값
    반환 값 : 시간 스트링으로의 포인터
```

다음의 asctime 함수는 주어진 tm 구조체로 주어진 시간을 string으로 반환한다. 따라서 ctime의 사용은 asctime(localtime(t))와 같다.

```
CTIME(3)
#include <time.h>

char *asctime(const struct tm *tm);

    입력 값
       - tm : tm 구조체로의 포인터
    반환 값 : 시간 스트링으로의 포인터
```

다음은 tm 구조체에 저장된 정보를 초로 환산하는 프로그램 예제이다.

```
#include <sys/types.h>
#include <unistd.h>
#include <time.h>

int main(void)
{
    time_t curtime, mktime;
    struct tm *tmbuf;

    if( time(&curtime) < 0) {
        perror("time error");
        exit(1);
    }
    printf("The time is %s\n", ctime(&curtime));

    tmbuf = (struct tm *)localtime(&curtime);
    printf("The time is %s\n", asctime(&tmbuf));
    exit(0);
}
```

12.2 인터벌 타이머(Interval Timer)

정해진 시간 인터벌이 지나면 시그널을 생성하여 프로세스나 스레드에게 알려주는 타이머를 인터벌 타이머라고 한다. 인터벌 타이머는 alarm 시스템 호출의 일반화된 형태라고 볼 수 있다. 리눅스에서는 이러한 타이머를 itimer라는 이름으로 제공한다. itimer는 setitimer를 통해 주어지는 시간 간격마다 몇 가지의 시그널을 생성하여 프로세스에 알려준다. 이러한 itimer의 응용은 alarm의 응용 예에서와 같이 비동기적 시간 이벤트의 발생을 감지하여 이에 대해 처리를 하는 응용에서 사용된다. 리눅스의 프로세스는 세 가지 형태의 timer를 각각 하나만 가질 수 있기 때문에 itimer와 alarm은 같이 사용하지 않는 것이 좋다. itimer 관련 함수들은 다음과 같다.

```
GETITIMER(2)
#include <sys/time.h>

int setitimer (int which, const struct itimerval *value,
struct itimerval *oldvalue);

    입력 값
        - which : 세 가지 itimer의 형태 중 택일한다.
        - value : 시간 인터벌에 대한 정보
        - oldvalue : timer의 기존 시간 인터벌 정보
    반환 값
        - 정상: 0
        - 에러: -1
```

which : timer type

which로 지정하는 세 가지 timer의 종류는 다음과 같다.

- ITIMER_REAL: 실제 시간에 의한 timer 셋팅을 나타낸다. 시간 구간이 도래하면 커널로부터 프로세스에 SIGALRM이 전달된다.
- ITIMER_VIRTUAL: 프로세스의 사용자 모드에서의 실행 시간만을 적용하여 시간을 측정한다. 시간 구간이 도래하면 커널로부터 프로세스에 SIGVTALRM이 전달된다. 시스템 내에 프로세스의 수에 따른 실행 시간의 변화에 영향을 받지 않은 상대적 시간을 사용하기 위한 것이다.
- ITIMER_PROF : 프로세스가 사용자 모드에서 실행된 시간과 커널 모드에서 실행된 시간이 모두 적용된다. 시간 구간이 도래하면 커널로부터 프로세스에 SIGPROF가 전달된다.

value

시간의 인터벌을 주기 위한 입력 변수로 다음과 같은 구조체에 의해 정의된다.

```
struct itimerval {
    struct timeval  it_interval;   // next value
    struct timeval  it_value;     // current value
};
```

it_value는 금번에 설정되는 시간 인터벌의 값이다. it_interval은 it_value에 의한 시간이 지날 때 itimer에 다시 시간 인터벌로 설정되어 반복적으로 작용하는 인터벌 값이다. 즉 it_interval이 0이면 1회용 itimer가 되고 그 반대이면 반복적으로 alarm을 보내주는 itimer가 된다. 다음은 timeval의 구조이다.

```
struct timeval {
    long tv_sec;     // seconds
    long tv_usec;    // microseconds
};
```

다음은 매 200 milliseconds마다 SIGPROF을 받아 이를 핸들링 하는 프로그램 예제이다.

```
#include <signal.h>
#include <stdio.h>
#include <string.h>
#include <sys/time.h>

void timer_callback (int signum)
{
  static int count = 0;
  printf ("timer expired %d times\n", ++count);
}

int main ()
{
  struct sigaction sa;
  struct itimerval timer;

  /* Install timer_handler as the signal handler for SIGVTALRM.  */
  memset (&sa, 0, sizeof (sa));
  sa.sa_handler = &timer_handler;
  sigaction (SIGPROF, &sa, NULL);

  /* Configure the timer to expire after 250 msec...  */
  timer.it_value.tv_sec = 0;
  timer.it_value.tv_usec = 200000;
  /* ... and every 200 msec after that.  */
  timer.it_interval.tv_sec = 0;
  timer.it_interval.tv_usec = 200000;
  /* start a virtual timer.  It counts down whenever this process is
     executing.  */
  setitimer (ITIMER_PROF, &timer, NULL);

  /* do busy work.  */
  while (1);
}
```

연습 문제

1. itimer (itimer real)을 이용하여 무한 loop을 실행하는 프로세스가 1초에 한 번씩 시스템 시간을 출력하도록 하시오.
2. 1초마다 시간을 출력하는 시계 프로그램을 작성하시오.

제13장

Network Programming

13.1 개요

네트워크 프로그래밍은 여러 가지 형태의 통신 미디어를 통해 연결되는 컴퓨터 네트워크를 통해서 다른 호스트의 프로세스와 통신하는 프로그램을 작성하는 것이다. 이러한 네트워크 프로그램들은 여러 컴퓨터 시스템을 거쳐 중계되는 통신 내용을 불완전한 통신 링크를 통해 오류 없이 전달하고, 통신 상대 및 통신 방식, 통신 개시/중단 절차 등을 설정하기 위해 상호 표준적 네트워크 프로토콜을 사용하여야 한다. 네트워크를 통한 통신 프로세스 모델에는 여러 가지가 있지만 가장 기본적인 것은 각기 다른 호스트의 두 프로세스가 peer-to-peer 방식으로 통신하는 것이다. 이때, 통신하는 두 프로세스 중에서 한 프로세스를 클라이언트라고 하고 다른 프로그램을 서버라고 부르는 것이 보통이다. 네트워크 통신을 위한 프로토콜은 그 크기가 방대하고 응용 목적이 다른 프로세스들을 위해 여러 개의 계층으로 구성된다. 국제 표준 기관인 ISO의 OSI(Open System Interface) 표준은 프로토콜의 계층을 7개 계층으로 구분하고 그 기능을 정의한 OSI reference model을 다음과 같이 제시하고 있다.

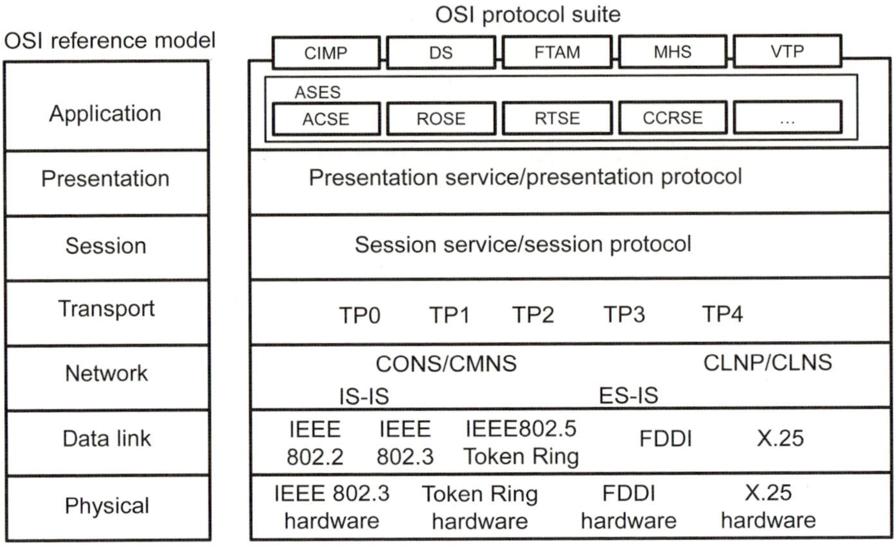

그림 13-1. OSI reference model (7 layer)

- Physical Layer : 물리적이고 전기/전자적인 통신 장비 간의 접속 및 통신에 관한 표준과 기능을 제공하는 프로토콜 계층이다.
- Data link Layer : 여러 컴퓨터 및 전용 장비의 연결로 구성되는 네트워크에서 인접한 노드와의 통신 표준 및 기능을 제공하는 프로토콜 계층이다.
- Network Layer: 네트워크를 통해 전송되는 자료 (packet)의 목적지까지의 경로를 결정하고 중계하는 표준 및 기능에 관한 프로토콜 계층이다.
- Transport Layer : 통신 프로세스(사용자)에게 하위 layer를 통한 종단간 통신이 가능하도록 통신 및 접속 서비스에 대한 API를 제공하는 프로토콜 계층이다.
- Session Layer : 일반적으로 통신 접속이 된 한 세션에 대한 부가적 서비스를 제공하는 프로토콜 계층이다.
- Presentation Layer : 암호화 복호화 등, 통신 부가 서비스를 위한 라이브러리 등을 제공한다.
- Application Layer : ftp와 같이 일반 사용자를 위한 서비스 중심의 응용 프로그램들을 말한다.

본 교재에서는 이와 같은 OSI 표준 reference model의 계층 분류와 정확히 일치하지는 않지만, 리눅스 운영체제에서부터 전통적으로 많이 사용되는 있는 몇 개의 계층적 프로토콜을 공부하기로 한다.

리눅스 계열 운영체제에서의 인터넷 사용 등, 통신 응용에서 가장 많이 사용되는 있는 기반 프로토콜 계층은 아래 그림과 같다. 이 중, TCP와 UDP는 Transport 계층에, IP는 Network 계층에 해당한다고 할 수 있는데, 이중 사용자가 하위 계층에서부터 최초로 사용할 수 있는 계층은 TCP와 UDP이다.

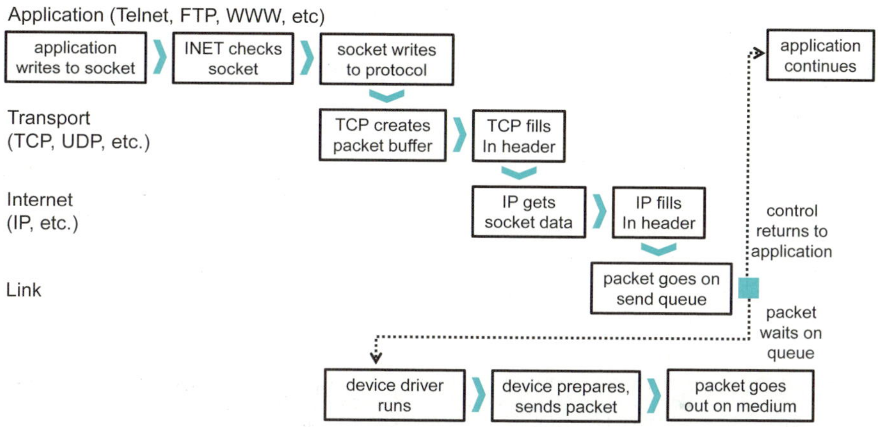

그림 13-2. 리눅스 계열의 일반적 프로토콜 계층 역할

각 계층에 대한 설명은 다음과 같다.

- 링크(Link) 계층 : 데이터 링크(Data Link) 계층이라고도 하며 커널의 네트워크 관련 장치 드라이버와 네트워크 인터페이스 장치로 구성된다. 이 계층의 역할은 노드 간에 패킷을 전달하는 물리적인 인터페이스의 제어이다. 물리적 연결이나 장치의 방식에 따라 다시 세부 계층으로 분리되기도 한다.
- 네트워크(Network) 계층 : 네트워크상의 패킷 이동의 제어, 즉 패킷을 전달하고 경로(routing)를 선택하는 역할을 주로 담당한다. 대표적으로 IP(internet Protocol)가 있다.

- 전송(Transport) 계층 : 두 호스트 간에 종단 간 연결을 맺고 데이터를 전달할 수 있는 기능을 제공한다. 대표적인 프로토콜로는 연결형 통신을 위한 TCP(Transmission Control Protocol)와 비연결형 통신을 위한 UDP(User Datagram Protocol)들이 있다.
- 응용(Application) 계층 : TCP/IP 프로토콜을 이용하는 서비스로서 대부분 시스템에서 제공하는 여러 응용이 있다. 이러한 응용들은 그 형태에 따라 TCP나 UDP를 사용한다. 대표적 응용 프로토콜인 ftp, telent, smtp, http 등은 TCP를, SNMP, TFTP(Trivial FTP) 등은 UDP를 사용하여 구현하는 것이 일반적이다.

13.2 Connection-oriented(연결형) 통신과 Connectionless(비연결형) 통신

전송(transport) 계층에 의한 end-to-end 호스트 간의 접속은 크게 연결형 통신과 비연결형 통신의 두 가지 유형으로 나누어 진다.

- 연결형 통신 : 종단 간의 두 개의 통신 프로세스는 마치 전화 통화를 하는 절차처럼, 초기에 링크 설정을 위한 정보를 주고받고, 이 정보에 의한 합의에 이르면 통신 개시 절차에서 설정된 링크를 이용하여 계속 통신하는 방식을 말한다. 설정된 링크를 계속 사용하므로 패킷 전송 및 순서에 대한 신뢰도가 보장된다. 이와 같은 통신 방식을 위해 사용되는 프로토콜은 TCP가 대표적이다. TCP는 데이터의 신뢰성 있는 전달을 보장하지만 클라이언트마다 연결을 설정해야 하므로 클라이언트의 수가 늘어나면 서버에 부담이 커지는 문제가 있다.
- 비연결형 통신 : 통신 링크 개설 등에 대한 사전 동의 절차 없이 전보((datagram) 방식으로 수신자를 매 메시지 단위로 지정하여 송신하는 방식이다. 이러한 메시지는 다시 패킷 단위로 분할되어 전보 방식으로 전송된다. 각 메시지는 독립적으로 전보 방식으로 전송되므로 각기 다른 경로를 통해 전달될 수 있고 따라서 그 순서가 바뀌거나 도중에 소멸될 수 도 있다. 즉 전송의 신뢰도에 있어 연결형 방식에 못 미치지만, 중계 노드의 링크 경로 유지 비용이 없는 장점이 있다. 이와 같은 통신 방식을 위해 사용되는 프로토콜은 UDP가 대표적이다. 비연결형 통신은 메시지를 한 번만 보내면 되는 간단한 서비스에 적합하고, 클라이언트마다 사전

연결을 설정할 필요가 없으므로 서버의 부담이 적은 편이다. 또한, UDP 등의 비연결형은 일반적으로 브로드캐스트 및 멀티캐스트 방식의 통신을 제공하므로 1 대 다의 서비스 방식에도 사용된다.

유닉스/리눅스 계열 운영체제는 사용자가 프로토콜 계층에서 최초로 프로그래밍할 수 있는, 즉, TCP를 이용한 연결형 통신이나 UDP를 이용한 비연결형 통신을 위한 API로 전통적인 socket API를 제공한다. socket API는 TCP나 UDP를 사용하는 네트워크 링크를 파일 입출력처럼 할 수 있는 논리적 API를 제공하는 기능을 한다. 본 교재에서는 socket AP를 이용한 클라이언트/서버 모델에서의 연결 및 비연결형 통신의 기초에 대하여 공부한다.

13.3 소켓의 사용에 의한 통신 기법

소켓 API를 사용하는 가장 보편적 통신 모델로 클라이언트 서버 모델에 대해 알아보자.

13.3.1 클라이언트 - 서버 모델

다음 그림은 네트워크에서의 클라이언트 서버 모델을 나타낸 것으로 네트워크 서비스의 유형에 따라 클라이언트 측과 서버 측에 각기 프로세스가 생성되어 서로 통신을 함으로써 서비스를 제공한다. 그 일반적 절차는 다음과 같다.

·서버는 가동되면 서비스 유형별 서버 프로세스를 생성하고, 이들은 클라이언트 프로세스로부터의 연결 또는 서비스 요청을 기다리며 대기(blocked)한다.
·연결된 원격 노드에서 서비스를 대행하는 서비스별 클라이언트 프로세스가 실행되어 서버 프로세스와의 접속이나 요구 사항의 송신을 통해 서비스를 요구하고 응답을 기다린다.
·서버는 접속된 클라이언트와 대화하여 요구를 수행하고, 클라이언트가 다중 접속하는 경우에 서버 프로세스는 일반적으로 다중 스레드(multi-thread)의 형태로 병행 서비스를 제공한다.

대표적 클라이언트와 서버의 예로 웹 브라우저와 웹 서버, 메일 클라이언트와 메일 서버, ftp 클라이언트와 ftp 서버 등을 들 수 있다.

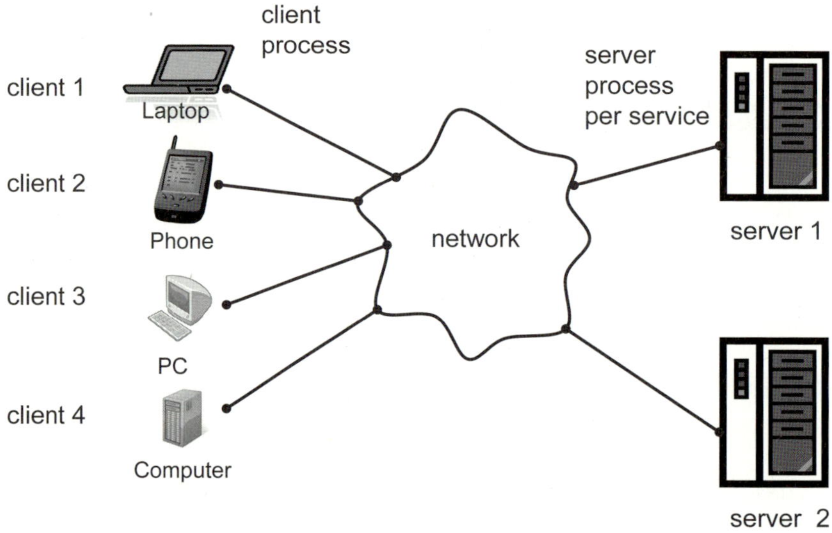

그림 13-3. 클라이언트 서버 모델

클라이언트-서버 모델에 의한 서비스는 양자 간의 연결방식에 따라 앞서 언급한 바와 같이 연결형 및 비연결형으로 구분된다. 한편 서비스를 담당하는 서버 프로세스의 구현 방식은 다중 클라이언트의 서비스 요구에 대해 이를 차례대로 서비스

해주는 반복형 구현과 다중 클라이언트에 대한 병행 서비스를 위해 같은 서버를 다중 프로세스나 스레드로 생성하여 서비스해 주는 병행형 구현 방식이 있다.

13.3.2 포트

TCP와 UDP는 모두 상대 통신 프로세스들을 구별하기 위해 운영체제에서 제공되는 16비트의 포트 번호를 사용한다. 즉 통신 상대방의 프로세스 식별자를 알 수 없으므로 호스트의 IP 주소에 서로 약속된 포트 번호를 추가하여 상대를 인식한다. 포트 번호는 사용되는 값에 따라 다음과 같이 3가지로 구분된다.

(1) well-known port
0~1023 사이의 포트는 IANA(Internet Assigned Number Authority)가 할당하는 것으로, 잘 알려진 서비스를 위한 서버 프로세스들에게 할당된다. ftp, email, 원격 login, web 서비스 등이 그 예이다.

(2) registered port
1024~49151 사이의 포트는 IANA가 관리하지는 않지만 IANA는 이러한 포트 번호를 사용하는 조직이나 단체가 편리하게 사용할 수 있도록 등록해서 사용여부를 파악하고 있다. (예, 6000~6063은 X윈도우 서버에 할당)

(3) dynamic port
46152~65535 사이의 포트 번호는 네트워크 통신 프로그램을 작성하는 사용자가 임의로 지정 사용할 수 있는 번호 대역이다.

13.3.3 소켓과 프로토콜

소켓의 역할은 주로 두 시스템의 응용 사이에 통신 채널을 만드는 것이며 이 채널을 통해서 응용은 데이터를 주고 받게 되는 것이다. 파일을 만들면 파일 식별자를 사용하는 것과 같이 소켓을 열면 그에 대한 소켓 식별자가 반환되고, 소켓 식별자를 이용하여 소켓에 접근한다.

한쪽의 네트워크 응용 프로세스가 상대편의 응용 프로세스와 연결하거나 메시지(패킷)을 송신하기 위해서는 다음의 정보들이 확보되어야 한다.

- 통신 프로토콜(TCP 또는 UDP)
- 클라이언트의 IP 주소 및 포트 번호
- 서버의 IP 주소 및 포트 번호

다음은 리눅스의 소켓 관련 시스템 호출이다.

파일 open 시 사용하는 파일 디스크립터와 같이 모든 통신 링크에는 먼저 소켓 식별자가 생성되어야 한다. 다음은 소켓 생성 함수와 입력 변수의 의미이다.

```
SOCKET(2)
#include <sys/socket.h>
#include <sys/types.h>

int socket(int domain, int type, int protocol);

    입력 값
        - domain : 통신 도메인으로 통신에 사용될 프로토콜 그룹과
          주소 체계를 의미한다.
        - type : 통신 형태
        - protocol : 프로토콜
    반환 값
        - 정상 : 소켓 식별자
        - 에러 : -1
```

리눅스에서 인식되는 domain의 종류 중 주요한 것은 다음과 같다.

domain	통신
PF_UNIX, PF_LOCAL(AF_UNIX, AF_LOCAL)	Local 통신
PF_INET(AF_INET)	IPv4 인터넷 통신
PF_INET6(AF_INET6)	IPV6 인터넷 통신

인터넷 주소 체계에서의 소켓 형태, 프로토콜의 조합을 나타내는 소켓의 형태에는 여러 가지가 있으나 본 교재에서는 대표적인 두 가지만 소개한다.

type	사용 프로토콜	설명
SOCK_STREAM	TCP	순서적이고 신뢰성 있는 양방향 통신을 연결형, byte stream 통신 형태로 제공한다.
SOCK_DGRAM	UDP	Datagram 방식의 신뢰성이 제공되지 않는 비연결형 통신을 제공한다. 일회 송수신의 메시지의 크기에 제한이 주어진다.

13.3.4 소켓 주소 구조체

각 소켓의 도메인은 각자의 고유한 주소 체계를 사용한다. 예를 들면 파일을 경유하는 local 통신을 위한 AF_UNIX는 sockaddr_un 구조체 형식을, AF_INET의 경우는 sockaddr_in 구조체 형식을 사용한다.

다음은 AF_UNIX 도메인 경우의 주소 형식이다.

```
#include <sys/un.h>
#include <sys/types.h>
struct sockaddr_un
{
        sa_family_t          sun_family;    /* AF_UNIX */
        char                 sun_path[];    /* pathanme */
};
```

다음은 AF_INET 도메인의 경우의 주소 형식이다.

```
#include <netinet/in.h>
#include <sys/types.h>
struct sockaddr_in
{
        short                sin_family;
        u_short              sin_port;
        struct in_addr       sin_addr;
        char                 sin_zero[8];
};
```

위의 구조체에서 struct in_addr은 IP 주소를 나타내며 그 구조는 다음과 같다.

```
#include <netinet/in.h>
#include <sys/types.h>
struct in_addr
{
        u_long s_addr;
}
```

위의 각 항목에 대한 상세한 사용은 예제에서 살펴보기로 한다.

13.3.5 소켓의 바인딩(binding)

통신을 위해 생성된 소켓은 로컬 호스트의 IP 주소 및 사용할 포트 번호와 연결되어야 하는데 이를 소켓의 바인딩이라 한다. 다음은 관련 시스템 호출이다.

```
BIND(2)
#include <sys/types.h>
#include <sys/socket.h>

int bind(int sockfd, struct sockaddr *my_addr, socklen_t
addrlen);

    입력 값
       - sockfd : 소켓 식별자
       - myaddr : 자신의 소켓 주소 구조체를 가리키는 포인터
       - addrlen : myaddr 구조체의 크기
    반환 값
       - 정상 : 0
       - 에러 : -1
```

AF_UNIX나 AF_INET 사용 시의 주소 구조체를 bind에 사용할 때에는 generic 구조체인 struct sockaddr로 casting 하여야 한다. bind의 사용은 소켓 형태 및 관련 통신 절차와 관계가 있으므로 예제에서 설명하기로 한다.

13.4 연결형 통신을 위한 함수들과 예제 프로그램

연결형 통신을 시작하기 위해서는 통신 양측에서 바인딩 된 소켓 정보를 교환하여 링크를 개설해야 한다. 클라이언트 측에서 링크 개설 요구(마치 전화를 거는 것과 유사)를 서버 측에 보낼 때 사용하는 시스템 호출이 connect로 그 내용은 다음과 같다. 반면 서버 측에서는 listen 및 accept 등의 함수를 사용한다.

13.4.1 통신 접속을 위한 함수들

```
CONNECT(2)
#include <sys/socket.h>
#include <sys/types.h>

int connect(int sockfd, struct sockaddr *serv_addr, spcklen_t
addrlen);

    입력 값
        - sockfd : 소켓 식별자
        - serv_addr : 서버의 소켓 주소 구조체를 가리키는 포인터
        - addrlen : servaddr 구조체의 크기
    반환 값
        - 정상 : 0
        - 에러 : -1
```

클라이언트 측에서는 서버의 IP 주소 및 포트 번호를 sockaddr 구조체에 지정하여야 하며 자신의 소켓에 대한 binding은 connect에서 자동으로 일어나므로 할 필요가 없다. connect 호출은 후에 설명될 accept 함수를 호출하여 대기하는 서버 프로세스와의 링크가 개설되면 반환 된다.

연결 요구를 기다리는 서버 측에서는 개설된 자신의 소켓에 대한 연결 요청의 큐의 길이를 지정하여야 하는데 이 함수가 listen이다. 이 함수는 SOCK_STREAM 및 SOCSEQPACKET type에만 적용된다.

```
LISTEN(2)
#include <sys/types.h>
#include <sys/socket.h>

int listen(int sockfd, int backlog);

    입력 값
        - sockfd : 소켓 식별자
        - backlog : 연결을 기다리는 최대 클라이언트 수
    반환 값
        - 정상 : 0
        - 에러 : -1
```

listen을 수행한 서버 프로세스는 다음의 accept 함수 호출로 연결 요청을 기다리게 된다.

```
ACCEPT(2)
#include <sys/types.h>
#include <sys/socket.h>

int accept(int sockfd, struct sockaddr *addr, socklen_t
*addrlen);

    입력 값
        - sockfd : 소켓 식별자
        - addr : 연결을 요청한 클라이언트의 소켓 주소 구조체를 가리
          키는 포인터
        - addrlen : 클라이언트의 주소의 크기
    반환 값
        - 정상 : 새로운 소켓 식별자
        - 에러 : -1
```

위 함수는 이미 언급하였듯이 SOCK_STREAM 등의 연결형 통신에 적용되는 함수이다. 자신의 주소를 bind한 소켓에 대해 accept를 호출한 서버는 연결 요청이 도달할 때까지 대기하고, 연결이 성립되면 연결을 요청한 peer의 주소와 그 길이를 반환한다. 이때, 반환 값으로는 클라이언트와 연결된 새로운 소켓 식별자가 할당되어 반환되는데 그 이유는 다음과 같다.

accept을 하여 통신 링크가 한 클라이언트와 개설되더라도 서버는 원래의 소켓을 사용하여 다른 클라이언트의 접속 요구를 계속 기다리는 것이 보통이다. 즉, 원래의 소켓은 접속 요구에 대한 대기 용도로 계속 사용하여야 하므로 실제 클라이언트와의 접속은 새롭게 자동 할당된 소켓에 하는 것이다. 따라서 접속 성공 후의 클라이언트와의 자료 교환에는 반환되는 새로운 소켓을 사용하여야 한다. 또한, accept 후에 서버는 원래 소켓에서의 대기를 계속하기 위해, 연결된 링크에 대한 통신 서비스를 수행하는 새로운 프로세스나 스레드를 생성하여 반환되는 소켓을 사용토록 하는 것이 일반적 병행 서비스 기법이다.

13.5 메시지 송수신을 위한 함수들

SOCK_STREAM 등, 연결형 통신이 개설된 후에는 각 peer 프로세스는 소켓을 통해 full-duplex 모드로 자료를 송수신할 수 있는데, 이때 사용되는 함수들이 send와 receive이다.

```
SEND(2)
#include <sys/types.h>
#include <sys/socket.h>

int send(int sockfd, const void *msg, size_t len, int flags);

    입력 값
      - sockfd : 소켓 식별자
      - msg : 전송할 데이터가 저장된 장소의 주소
      - len : 메시지의  크기
      - flags : 플래그 설정 값
    반환 값
      - 정상 : 실제로 전송된 데이터의 크기
      - 에러 : -1
```

위에서 flags의 값은 0이거나 MSG_OOB, MSG_PEEK, MSG_DONTROUTE 등인데 자세한 설명은 생략하기로 한다. 메시지 송신에는 send 대신 write를 사용하여도 무방하다. 이외에도 송수신 socket option이나 통신 option 등에는 여러 가지가 있는데 상세한 사항은 생략한다.

다음은 수신 프로세스가 사용하는 recv 함수에 대한 설명이다.

```
RECV(2)
#include <sys/types.h>
#include <sys/socket.h>

int recv(int sockfd, char * buf, size_t len, int flags);

    입력 값
        - sockfd : 소켓 식별자
        - buf : 수신 데이터를 저장할 버퍼
        - len : buf의 크기
        - flags : 플래그 설정 값
    반환 값
        - 정상 : 실제로 수신한 데이터의 크기
        - 에러 : -1
```

위에서 flags의 값에는 MSG_OOB, MSG_PEEK, MSGWAITALL 등 여러 가지가 있는데 상세한 설명은 생략하기로 한다.

통신 링크의 사용 종료 시에는 다음의 close 함수를 사용한다.

```
CLOSE(2)
#include <unistd.h>

int close(int sockfd);

    입력 값
        - sockfd : 소켓 식별자
    반환 값
        - 정상 : 0
        - 에러 : -1
```

13.5.1 바이트 순서 및 연산(Byte Ordering)

네트워크를 통해 상호 통신하는 기계들은 각 CPU의 형태에 따라 길거나 짧은 정수의 크기가 다를 수 있고, 정수의 복수 개의 바이트에 의한 표현에 있어 그 순서가 달라질 수도 있다. 따라서 자신의 주소나 포트 번호 등을 보낼 때 해석 차이에 따른 오류가 발생할 수 있다. 이러한 문제를 해결하기 위해, 각 프로토콜은 네트워크 표준에 의한 바이트 순서를 사용한다. 따라서 서버나 클라이언트 프로세스는 정수를 보내기 전에 반드시 네트워크 바이트 순서로 송신 자료를 변환해야 한다. 이러한 일들을 수행하는 바이트 순서 처리 함수들에는 다음과 같은 것들이 있다.

바이트 순서 처리 함수

함수	변환
u_long htonl(u_long hostlong);	u_long 표현의 호스트 형식을 네트워크 형식으로 변환
u_short htons(u_short hostshort);	u_short 표현의 호스트 형식을 네트워크 형식으로 변환
u_long ntonl(u_long netlong);	u_long 표현의 네트워크 형식을 호스트 형식으로 변환
u_short ntohs(u_short netshort);	u_short 표현의 네트워크 형식을 호스트 형식으로 변환

그 외 메시지나 구조체 내용을 초기화하거나 복사하는데 사용하는 함수들로 다음과 같은 것들이 있다.

바이트 연산 함수

함수	역할
void bcopy(char *src, char *dst, int bytes);	지정된 바이트 수만큼 src에서 dst로 복사
void bzero(char *dst, int bytes);	dst에 bytes 수만큼의 바이트를 NULL로 만듦
int bcmp(char *ogn, char *tgt, int bytes);	두 바이트 스트링을 비교해서 같으면 0을 반환하고 다르면 0 이외의 다른 수를 반환

13.5.2 네트워크 정보

좀 더 일반적인 네트워크 응용의 경우에 주소나 포트 등을 결정하기 위해 시스템에서 제공되는 네트워크 정보를 활용할 수 있다. 예를 들면 etc/services에는 잘 알려진 네트워크 서비스가 사용하는 포트 번호들이 리스팅되어 있다. 또한, 컴퓨터의 이름으로 호스트의 데이터베이스 함수를 호출하여 IP 주소를 알 수도 있다. 호스트는 /etc/hosts를 참조하거나 NIS(Network Information Services), DNS(Domain Name Server) 등을 참조하여 이러한 서비스를 제공한다. 다음은 이러한 함수들에 대한 설명이다.

```
GETSERENT(3)
#include <netdb.h>

struct servent *getservbyname(char *name, char *proto);
strutc servent *getservbyport(int port, const char *proto);

    입력 값
       - name : 서비스 이름
       - proto : 전송 프로토콜
       - port :  포트 번호
    반환 값 : servent  구조체를 가리키는 포인터
```

위 함수에서 반환되는 서비스 관련 구조체의 내용은 다음과 같다.

```
struct servent
{
        char *s_name;
        char **s_aliases;
        int s_port;
        char *s_proto;
};

GETHOSTBYNAME(3)
#include <netdb.h>

struct hostent *gethostbyname(char *name);
struct hostent *gethostbyaddr(const void *addr, size_t, len,
int type);

    입력 값
        - name : 호스트 도메인 이름
        - addr : 호스트 IP 주소
        - len : 주소의 크기
        - type : 주소 형태
    반환 값 : 포트 번호를 담은 hostent  구조체를 가리키는 포인터
```

위 함수에서 반환되는 host 정보 구조체의 내용은 다음과 같다.

```
struct hostent
{
        char *h_name;
        char **h_aliases;
        int h_addrtype;
        int h_length;
        char **h_addr_list;
};
```

13.5.3 주소 변환 함수

그 외 자주 사용되는 인터넷 주소 변환 함수들로 다음과 같은 것들이 있다.

함수	역할
unsigned long int inet_addr (char *ptr);	점으로 구분한 10진수 형태의 인터넷 주소를 받아서 32비트 인터넷 주소를 반환
char *inet_ntoa (struct in_addr inaddr);	in_addr 구조의 인터넷 주소를 받아서 점으로 구분한 10진수 형태의 인터넷 주소로 반환

13.5.4 연결형 통신 절차 및 예제

여기까지 설명한 시스템 호출과 소켓의 개념을 이용한 연결형 통신의 서버 및 클라이언트의 절차는 다음 그림과 같다.

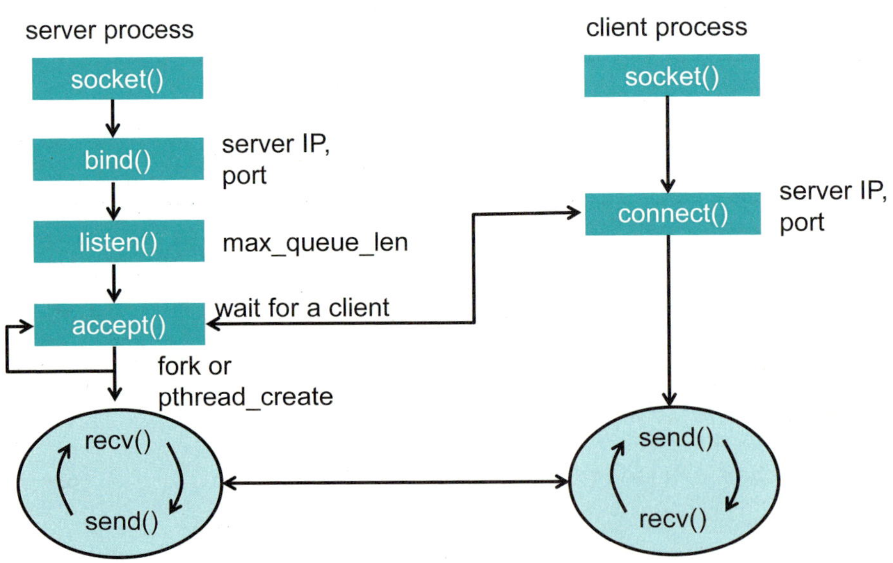

그림 13-4. socket 활용 연결형 통신 절차

다음의 예제 프로그램은 클라이언트와 서버가 연결형 통신 접속을 하고, 그 후 클라이언트는 stdin에서 입력받은 string을 서버로 전송하며, 이를 다시 서버로부터 echo 받아 stdout으로 출력하는 프로그램 예제이다. 서버는 복수 개의 클라이언트들에 대한 서비스를 위해, 한 클라이언트와 accept에 의한 접속이 이루어지면 접속된 새 소켓을 통해 서비스하는 child 프로세스를 fork하고 parent 자신은 이전의 소켓에서 계속 accept를 수행한다.

*에코 프로그램의 클라이언트

```
#include <sys/socket.h>
#include <sys/types.h>
#include <netinet/in.h>
#include <unistd.h>
#include <stdio.h>
#include <strings.h> /* bzero() */
#include <stdlib.h>  /* exit()  */
#include <string.h>  /* strlen() */

#define PORT 30000
#define SERVER_IP "127.0.0.1" //known server address
#define MAX_LENGTH 1024

int main()
{
        int sockfd;
        int len, data_length;
        struct sockaddr_in server_addr;
        char data[MAX_LENGTH];

        len = sizeof(server_addr);
        bzero( (char *)&server_addr, len );
        server_addr.sin_family = AF_INET;
        server_addr.sin_addr.s_addr = inet_addr(SERVER_IP);
```

```
server_addr.sin_port = htons(PORT);

if( ( sockfd = socket(AF_INET, SOCK_STREAM, 0) ) < 0 )
{
        fprintf(stderr, "error in sock open\n");
        exit(1);
}

if( connect(sockfd, (struct sockaddr *)&server_addr, len) < 0 )
{
        fprintf(stderr, "error in connection\n");
        exit(1);
}

while( fgets(data, MAX_LENGTH, stdin) != NULL)
{
        data_length = strlen(data);

        if( send(sockfd, data, data_length, 0) != data_length)
        {
            fprintf(stderr, "error in sending\n");
            exit(1);
        }

        if( (data_length = recv(sockfd, data, MAX_LENGTH, 0) ) < 0 )
        {
            fprintf(stderr, "error in receving\n");

            exit(1);
        }

        data[data_length] = '\0';
        fputs(data, stdout);

}
close(sockfd);
```

```
        return 0;
}
```

*복수 개의 클라이언트를 위한 에코 프로그램의 서버

```
#include <sys/socket.h>
#include <sys/types.h>
#include <netinet/in.h>
#include <unistd.h>
#include <stdio.h>
#include <unistd.h>
#include <strings.h>  /* bzero() */
#include <string.h>   /* strlen() */
#include <stdlib.h>   /* exit() */

#define Q_LENGTH 5
#define PORT 30000
#define MAX_LENGTH 1024

int main()
{
  int server_sockfd;
  int client_sockfd;
  struct sockaddr_in client_addr;
  struct sockaddr_in server_addr;

  int result;
  int server_len, client_len;
  char data[MAX_LENGTH];

  if( ( server_sockfd = socket(AF_INET, SOCK_STREAM, 0) ) < 0 )
  {
    fprintf(stderr, "error in open socket\n");
    exit(1);
```

```
  }

  server_len = sizeof(server_addr);
  bzero( (char *)&server_addr, server_len );
  server_addr.sin_family = AF_INET;
  server_addr.sin_addr.s_addr = htonl(INADDR_ANY);
  server_addr.sin_port = htons(PORT);

  if( bind( server_sockfd, (struct sockaddr *)&server_addr, server_len) < 0 )
  {
    fprintf(stderr, "error in bind\n");
    exit(1);
  }

  listen(server_sockfd, Q_LENGTH);

  while(1)
  {
    client_len = sizeof(client_addr);
    if( ( client_sockfd = accept(server_sockfd, \
(struct sockaddr *)&client_addr, &client_len) ) < 0 )
    {
        fprintf(stderr, "can't accept connection\n");
        exit(1);
    }

    if(fork() == 0) // child server for this connection
    {
      close(server_sockfd);
      while(1)
      {
        result = recv(client_sockfd, data, MAX_LENGTH, 0);
        if(result == 0)  break;
        else if(result < 0) {
          fprintf(stderr, "error in receiving\n");
          exit(1);
```

```
        }

        if(send(client_sockfd, data, result, 0) != result) // echo back
        {
            fprintf(stderr, "error in sending\n");
            exit(1);
        }
      }
      exit(0);
    } // end of child services

    close(client_sockfd);  // parent sever doesn't need the new socket
    } // while

} /* main */
```

13.6 비연결형 통신을 위한 함수들과 예제 프로그램

비연결형 통신은 전술한 바와 같이 UDP 프로토콜을 기반으로 연결 설정 없이 전보 방식으로 통신을 수행한다. 따라서 비연결형 통신에서는 소켓의 생성과 binding 후에 sendto 함수를 통해 매 메시지 송신 시마다 수신자의 주소와 포트 번호를 지정하여 송신해야 한다. 수신 측에서도 socket의 생성과 binding 이후에 recvfrom을 사용하여 메시지의 수신을 대기하는데 메시지의 수신이 완료되면 함수의 반환 변수들로 송신 측의 주소와 포트 번호를 알게 된다. 관련된 함수들은 다음과 같다.

13.6.1 관련 함수들

```
SEND(2)
#include <sys/socket.h>
#include <sys/types.h>

int sendto(int sockfd, const void *msg, size_t len, int flags,
const struct sockaddr *to, socklen_t tolen);

    입력 값
        - sockfd : 소켓 식별자
        - msg : 전송할 데이터가 저장된 버퍼
        - len : msg의 크기
        - flags : 플래그 설정 값
        - to : 목적지의 소켓 주소 구조체를 가리키는 포인터
        - tolen : to의 주소 크기
    반환 값
        - 정상 : 실제로 전송된 데이터의 크기
        - 에러 : -1

RECV(2)
#include <sys/socket.h>
#include <sys/types.h>

int recvfrom(int sockfd, void *buf, size_t len, int flags,
struct sockaddr *from, socklen_t *fromlen);

    입력 값
        - sockfd : 소켓 식별자
        - buf : 수신 데이터를 저장할 버퍼
        - len : buf의 크기
        - flags : 플래그 설정 값
        - from : 발신지의 소켓 주소 구조체를 가리키는 포인터
        - fromlen : from의 주소 크기를 나타내는 포인터
    반환 값
        - 정상 : 실제로 수신한 데이터의 크기
        - 에러 : -1
```

위와 같은 함수들을 이용한 비연결형 통신의 절차는 다음 그림과 같다.

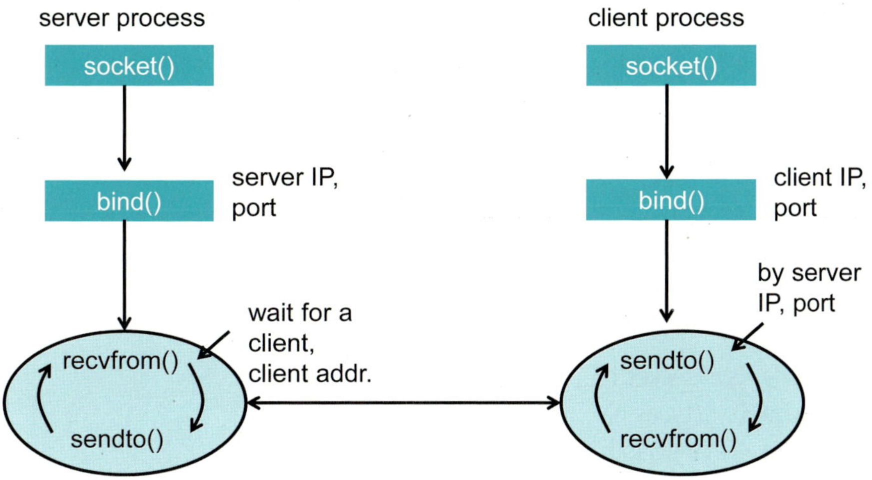

그림 13-5. 비연결형 통신의 통신 절차

13.6.2 비연결형 통신과 예제 프로그램

다음 예제 프로그램은 이미 기술한 연결형 서버-클라이언트 간 통신과 같은 서비스를 수행하는 것이다. 연결형 통신과 다른 점은 매 전송 메시지마다 전송자의 주소를 주어 메시지 단위별로 접속한다는 것이다.

*서버

```
/* SERVER */
#include <sys/socket.h>
#include <sys/types.h>
#include <netinet/in.h>
#include <unistd.h>
#include <stdio.h>
#include <strings.h>    /* bzero() */
#include <stdlib.h>     /* exit() */

#define MAX_LENGTH  1024
#define SERVER_UDP_PORT  46152

int main()
{
  int      sockfd;
  struct sockaddr_in  server_addr, client_addr;
  int server_len, client_len;

  // Open a UDP socket (an Internet datagram socket)
  if ((sockfd = socket(AF_INET, SOCK_DGRAM, 0)) < 0) {
        fprintf(stderr, "server: can't open datagram scoket");
        exit(1);
  }
  /*
   * Bind local address so that the clinet can send to us
   */
```

```
  server_len = sizeof (server_addr);
  bzero((char *) &server_addr, server_len);
  server_addr.sin_family  = AF_INET;
  server_addr.sin_addr.s_addr = htonl(INADDR_ANY);
  server_addr.sin_port  = htons(SERVER_UDP_PORT);

  bind(sockfd, (struct sockaddr *) &server_addr, server_len);
  do_echo(sockfd, (struct sockaddr *) &client_addr, sizeof(client_addr));

  return 0;
}

do_echo(int sockfd, struct sockaddr * client_addr, int client_len)
{
  int n, clilent_length;
  char  msg[MAX_LENGTH];

  for ( ; ; ) {
    clilent_length = client_len;
    n = recvfrom (sockfd, msg, MAX_LENGTH, 0, client_addr, &clilent_length);
        if (n < 0) {
            printf ("doecho: recvfrom error");
            exit(1);
        }
        if (sendto(sockfd, msg, n, 0, client_addr, client_len) != n) {
            printf ("doecho: sendto error");
            exit(1);
        }
  }
}
```

*클라이언트

```
/* CLIENT */

#include <sys/socket.h>
#include <sys/types.h>
#include <netinet/in.h>
#include <unistd.h>
#include <stdio.h>
#include <strings.h>  /* bzero() */
#include <stdlib.h>   /* exit() */
#include <string.h>   /* strlen() */

#define  SERVER_UDP_PORT  46152
#define SERVER_IP "127.0.0.1"  // known server address
#define MAX_LENGTH  1024

int main( )
{
  int     sockfd;
  struct sockaddr_in  server_addr, client_addr;
  int server_len, client_len;

  server_len = sizeof (server_addr);
  bzero((char *) &server_addr, server_len);
  server_addr.sin_family  = AF_INET;
  server_addr.sin_addr.s_addr = inet_addr(SERVER_IP);
  server_addr.sin_port  = htons(SERVER_UDP_PORT);

  if ((sockfd = socket(AF_INET, SOCK_DGRAM, 0)) <  0) {
        fprintf(stderr, "error in socket open\n");
        exit(1);
  }

  client_len = sizeof (client_addr);
  bzero((char *) &client_addr, client_len);
```

```
  client_addr.sin_family   = AF_INET;
  client_addr.sin_addr.s_addr = htonl(INADDR_ANY);
  client_addr.sin_port   = htons(0);

  if (bind(sockfd, (struct sockaddr *) &client_addr, client_len) < 0) {
        fprintf(stderr, "error in binding\n");
        exit(1);
  }

  do_client(stdin, sockfd, (struct sockaddr *) &server_addr, server_len);
  close (sockfd);
}

do_client(FILE *fp, int sockfd, struct sockaddr * server_addr, int
server_len)
{
  int n;
  char  sendbuf[MAX_LENGTH], recvbuf[MAX_LENGTH + 1];

  while (fgets(sendbuf, MAX_LENGTH, fp) != NULL) {
        n = strlen(sendbuf);
        if (sendto (sockfd, sendbuf, n, 0, server_addr, server_len) != n)
        {
            fprintf(stderr, "do_client: error in sendto\n"); exit(1);
        }
        n = recvfrom (sockfd, recvbuf, MAX_LENGTH, 0,
                        (struct sockaddr *) 0, (int *) 0);
        if (n < 0) {
            fprintf(stderr, "do_client: error in recvfrom\n"); exit(1);
        }
        recvbuf[n] = 0;
        fputs(recvbuf, stdout);
  }
}
```

연습 문제

1. 연결형 통신을 이용하여 ftp와 같은 역할을 하는 서버와 클라이언트 프로그램을 작성하시오. (AF_UNIX 및 AF_INET 사용)
2. 위의 서버 프로그램을 다중 클라이언트에 대한 서비스로 바꾸시오.
3. ftp와 같은 프로그램을 UDP(비연결형 통신)으로 한다면 어떤 문제를 고려하여야 할지 밝히시오.

참고문헌

1] K. Haviland, UNIX System Programming(2E), Addison Wesley,

2] N. Matthew 외, beginning Linux Programming, Wrox Press Ltd., 1996

제14장

스레드 프로그래밍

14.1 스레드(thread) 개요

스레드(thread)는 독립적이고 병행적인 실행 흐름을 갖는 프로그램 실행 단위로, 커널(또는 해당 라이브러리)에 의해 스케줄 되는 개체로 정의된다. 리눅스 환경에서 스레드는

- 프로세스 안에 존재하며 프로세스의 자원을 사용한다.
- 스레드는 모체인 프로세스가 존재하는 동안 실행되며, 각 스레드는 독립적(병행적)인 실행 흐름을 가진다.
- 프로세스 내부의 스레드들은 대부분의 프로세스 자원을 공유한다.
- 프로세스 내부의 스레드는 text와 data 영역을 공유하며 별도의 실행 스트림을 가지므로 별도의 stack을 가진다. (light weight process)
- 스레드는 자신의 요구로 종료되거나 프로세스가 종료될 때 같이 종료된다.

스레드는 독립적으로 수행되는 함수로도 표현할 수 있다.

14.2 프로세스와 스레드의 관계

스레드는 프로세스의 주소 공간에서 text와 data 영역을 공유하고 stack을 별도로 가지며, 대부분의 프로세스 환경을 공유한다. 스레드의 제공 형태는 운영체제나 스레드를 제공하는 라이브러리 형태에 따라 크게 두 가지로 나누어진다.

- 커널 수준에서 (Linux의 task) 제공되는 경우로 스레드는 운영체제 내에서 스케줄링의 대상이다. (실제로 Linux의 경우에, fork에 의한 프로세스는 메모리 영역을 공유하지 않는 태스크로, 스레드의 경우는 메모리 영역을 공유하는 태스크로 커널 내부에서 같은 스케줄링 대상으로 취급된다.)
- 커널은 프로세스만 인지하고 프로세스 내부 스레드들의 스케줄링은 전용 라이브러리가 담당하는 경우이다.

main 프로그램이 실행되어 프로세스가 생성되면 이는 하나의 스레드(main thread, 또는 initial thread)가 실행되는 것이다. 프로세스의 fork에 의한 생성은 주소 공간의 대부분을 복사하여야 하므로 그 시간이 오래 걸리고 오버헤드가 크지만, 스레드는 주소 공간을 대부분 공유하므로 생성이 빠르고 오버헤드가 작아, 전자를 중량급 프로세스(heavy weight process), 후자를 경량급 프로세스(light weight process)라 부르기도 한다.

fork에 의한 프로세스에 비해서 스레드가 가지는 장점은, 위에서 언급했듯이 "빠른 프로세스 생성" 능력과 메모리 공유에 의한 "작은 메모리 공간의 사용" 및 메모리 공유에 따른 스레드 간의 좀 더 쉬운 정보 공유이다. fork 시스템에서 부모와 자식같이 통신을 위해서는 IPC를 사용해야 하며 이는 꽤 어려운 작업이 될 수도 있는데, 메모리를 공유함으로 IPC의 사용을 줄이면서도 스레드 간 정보교환을 쉽게 할 수 있다.

fork에 비해서 스레드가 더 빠른 수행능력을 보이는 이유는 fork가 기본적으로 모든 메모리 영역을 copy-on-write 방식으로 자식에게 복사하는 데 비해서, 스레드는 많은 부분을 공유하기 때문이다. 반면 단점도 가지고 있는데, 모든 스레드가 같은 메모리 공간을 공유하게 되므로, 하나의 스레드가 잘못된 메모리 연산을 하게 되면, 모든 프로세스가 그 영향을 받게 된다는 것이다. fork 등을 통한 프로세스 생성 방식에 있어서는 커널이 각각의 프로세스를 보호해줌으로 한 프로세스의 문제는 해당 프로세스의 문제로 끝나게 된다. 그러나 스레드는 이러한 프로세스 보호를 기대할 수 없다. 하나의 스레드에 문제가 생기면 전체 스레드에 문제가 생길 가능성이 크다.

14.2.1 스레드 간에 공유하는 자원들

한 프로세스에서 생성된 스레드 간에 공유되는 자원은 다음과 같다.

- 작업 디렉토리
- 파일 지시자들
- 전역 변수들
- UID와 GID
- 시그널(Linux thread와 POSIX thread의 경우는 다른 점이 있으므로 지침서 참조)
- 스레드들은 특히 fork 된 프로세스들과 달리, 전역변수로 선언되어 데이터 영역에 위치하는 변수들을 공유하므로 이는 스레드간 통신의 도구가 되기도 한다. 단 이 경우 임계구역의 문제에 신경을 써야 한다. 실질적으로 프로세스 내의 모든 스레드들은 텍스트, 데이터, 힙, 스택 등 모든 영역을 공유하나 각각 자신만의 컨트롤을 가지므로 택 포인터를 달리하여 다른 스택 영역을 사용한다.

14.2.2 스레드간에 공유하지 않는 자원들

한 프로세스에서 생성된 스레드 간에도 공유되지 않는 자원은 다음과 같다.

- 에러 번호(errno)
- 스레드 우선순위

- 스택
- 스레드 식별자(프로세스 식별자)
- 레지스터 및 스택 포인터

14.3 POSIX Thread(Pthread)

스레드를 제공하는 운영체제나 라이브러리의 방식에는 여러 가지가 있다. 여러 인터페이스에 따른 불편을 해소하기 위해 IEEE POSIX 1003.1c 표준이 제정되었는데, 이를 POSIX thread(Pthread)라 칭한다. 리눅스는 이와 같은 POSIX thread 표준을 지원하지만, Linux 내부의 구현상의 차이점 때문에 POSIX thread와 API는 같지만 그 구현에 약간의 차이가 있는 LSB(Linux Standard Base)1.2 표준의 Pthread를 제공한다.

- POSIX는 per-thread signal의 개념이 아닌 per-process signal을 정의한다. 이와는 달리, 전통적인 리눅스의 구현은 per-thread signals 만을 지원한다. 이와 관련된 것으로 리눅스의 여러 version에서 다른 스레드에 의한 getpid() 호출은 같은 값을 반환한다고 믿을 수 없다.
- per-thread signals 개념의 구현은 한 스레드에 의한 core dump/exit이 한 프로세스 내의 다른 모든 스레드를 종료시키지 않는다.
- fork를 이용하여 child 프로세스를 생성하는 응용은 반드시 생성 스레드에서 waitpid() family를 이용해 wait 하여야 한다.
- POSIX의 경우에 user 또는 group id의 변경은 모든 스레드에 영향을 미친다. 리눅스의 경우는 이렇지 않으므로, 응용은 반드시 자신의 고유 lock을 사용하여야 한다.
- 자원(resource) 제한에 관련된 호출들(getrusage and setrusage) 은 프로세스 기반이 아닌 스레드 기반으로 동작한다.
- times() 호출은 모든 스레드가 아닌 호출 스레드에만 해당한다.
- 모든 system library가 multi-thread-safe 모드로 제공되지 않으므로 스레드는 시스템 라이브러리 사용 중(X lib 등) pthread_cancel을 호출하면 안 된다. 이러한 라이브러리는 한 스레드만 호출하여야 한다.
- fcntl/lockf에 의한 lock은 프로세스 기반이 아닌 스레드 기반으로 작동된다.

그러나 위와 같은 POSIX thread의 차이점은 구현상의 세만틱(semantic)의 차이로, API의 형태와 일반적 나머지 기능은 동일하며, 리눅스에서도 POSIX thread를 제공하는 라이브러리가 등장하고 있으므로, 사용자는 라이브러리의 명세와 기능을 고려하여 프로그램하여야 한다.

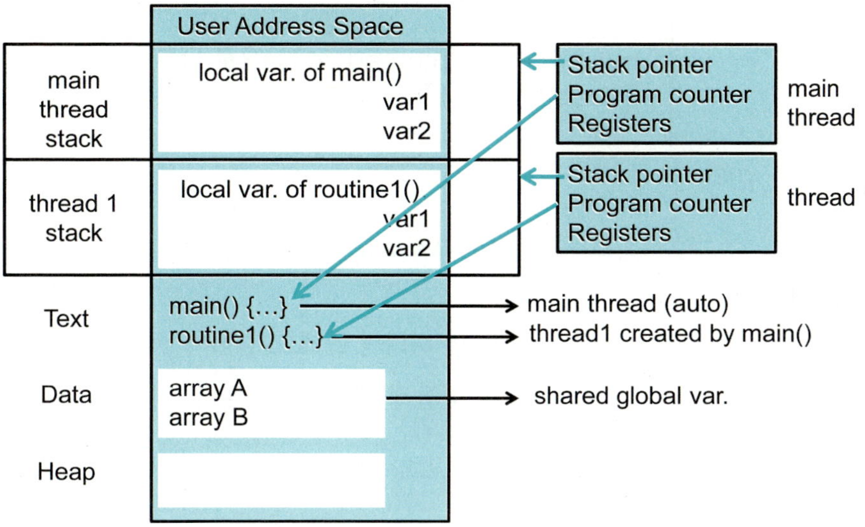

그림 14-1. 스레드의 데이터 영역 공유

14.3.1 Pthread의 생성과 종료

다중 스레드 프로그램이 처음 시작되었을 때 그것은 main()함수를 실행하는 단일 프로세스 상태로 작동하게 된다. 이것은 그 자체로 하나의 완전한 스레드이다. 이 상태에서 우리는 pthread_create() 함수를 호출함으로써 동일 프로세스 환경(가상 주소 공간)에 새로운 스레드를 생성할 수 있다.

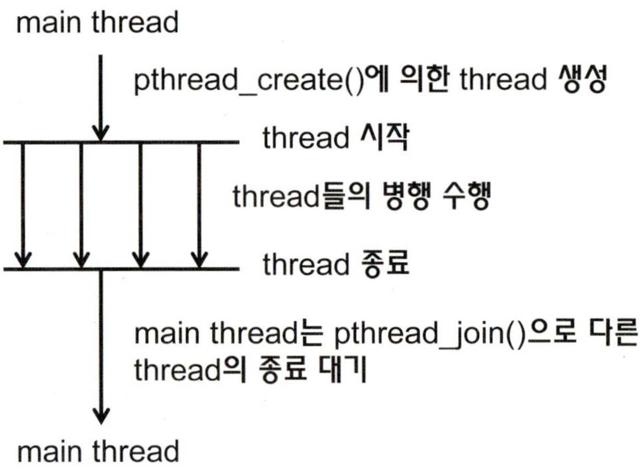

그림 14-2. 스레드를 이용한 프로그램의 기본적인 작동 순서

즉, 초기에 main 프로그램이 실행되면 하나의 스레드가 이미 생성된 것이다. 그 외의 스레드는 pthread_create() 함수를 통해 생성하여야 한다.

함수	**PTHREAD_CREATE(3)**
	`#include <pthread.h>`
	`int pthread_create (pthread_t * thread, pthread_attr_t * attr, void * (*start_routine)(void *), void * arg)`

동작	start_routine으로 지정된 함수를 새로운 스레드로 생성하여 실행을 시작시킨다. 생성되는 스레드들은 서로 peer 관계를 맺는다.
매개 변수	thread : 생성 성공 시 반환되는 스레드의 id attr : 생성되는 스레드의 속성을 지적하는 객체로 NULL이 default로 지정된다. 이에 관한 상세한 사항은 후에 설명한다. start_routine : 스레드로 생성될 함수의 주소이다. arg : 스레드로 생성되는 함수에 전달할 입력 매개 변수이다. void pointer의 형태로 전달된다.
반환	새로운 스레드의 ID를 thread에 반환한다.
오류	EAGAIN : 스레드 생성에 필요한 시스템 자원이 부족한 경우, 또는 이미 생성된 스레드의 개수가 PTHREAD_THREADS_MAX를 초과하는 경우

스레드의 종료 형태에는 다음과 같은 방법들이 있다.

- 스레드 함수에서 return하는 경우
- 스레드가 pthread_exit 함수를 호출하는 경우
- 다른 스레드에의 pthread_cancel 함수 호출로 종료되는 경우
- 프로세스, 즉, main thread가 종료하는 경우(exit이나 exec 호출을 통해)

다음은 스레드 종료를 위한 함수이다.

함수	**PTHREAD_EXIT(3)** #include <pthread.h> **void pthread_exit (void *retval);**
동작	호출 스레드의 실행을 종료한다. 모든 handler도 해제된다. 스레드가 종료되어도 open된 파일들은 close되지 않고 상태를 유지한다.
매개변수	retval : 스레드 종료 시에 반환하는 값으로 pthread-join으로 대기하는 스레드에 전달될 수 있다.
반환	return되지 않는다.

다음 프로그램은 "Hello World"를 출력하는 5개의 스레드를 main thread에서 생성하는 예제이다.

```
#include <pthread.h>
#define NUM_THREADS 5

void *PrintHello(void *threadid)
{       printf("\n%d: Hello World!\n", threadid);
        pthread_exit(NULL);
}

int main (int argc, char *argv[])
```

```
{
pthread_t threads[NUM_THREADS];
int rc, t;
        for(t=0;t < NUM_THREADS;t++) {
            printf("Creating thread %d\n", t);
            rc = pthread_create(&threads[t], NULL, PrintHello, (void
*)t);
            if (rc) {
        printf("ERROR; return code from pthread_create() is %d\n",
rc); exit(-1);
            }
        }
        pthread_exit(NULL);
}
```

다음 예제는 pthread 생성과 함께 매개 변수를 전달하는 프로그램이다.

```
#include <pthread.h>
#define NUM_THREADS 5

struct thread_data {
        int thread_id;
        char *message;
};

struct thread_data    thread_data_array[NUM_THREADS];
void *PrintHello(void *threadarg)
{
        struct thread_data *my_data;
        my_data = (struct thread_data *) threadarg;
        taskid = my_data->thread_id;
        hello_msg = my_data->message;
        printf("Thread id = %d, message = %s\n",my_data->thread_id,
```

```
my_data->message);
pthread_exit(NULL);
}

int main (int argc, char *argv[])
{
pthread_t threads[NUM_THREADS];
int rc, t;
for (t = 0; t < NUM_THREADS; ++t) {...
            thread_data_array[t].thread_id = t;
            thread_data_array[t].message = "Arg. Messages";
            rc = pthread_create(&threads[t], NULL, PrintHello,
                 (void *) &thread_data_array[t]);
         }
         pthread_exit(NULL);
}
```

14.3.2 Pthread 식별자(identifiers)

다음은 스레드가 자신의 식별자(id)를 알고 싶을 때나, 두 개의 스레드가 같은 스레드인지를 비교할 때 각각 사용하는 함수들이다.

함수	**PTHREAD_SELF(3)** #include <pthread.h> **pthread_t pthread_self (void);**
동작	시스템이 지정한 호출 스레드의 식별자를 반환한다.
반환	호출 스레드의 식별자

함수	**PTHREAD_EQUAL(3)**
	`#include <pthread.h>`
	`int pthread_equal (pthread_t thread1, pthread_t thread2);`

동작	두 스레드의 식별자가 같은 스레드를 나타내는지를 비교한다. pthread_t는 객체이므로 C의 비교 연산자인 "=="을 사용하여 비교하는 것은 바르지 않다.
매개변수	비교할 두 스레드의 pthread_t 값
반환	두 스레드가 같으면 0이 아닌 값을 반환한다.

14.3.3 스레드의 조인(Joining threads)

스레드의 join이라 함은 스레드간 동기화 도구의 하나로, 지정한 스레드가 종료하기를 기다리는 함수이다. 지정한 스레드가 종료될 때, 대기하던 스레드는 종료되는 스레드로부터 전달하기를 원하는 결과도 void pointer의 형식으로 전달받을 수 있다.

함수	**PTHREAD_JOIN(3)**
	`#include <pthread.h>`
	`int pthread_join (pthread_t th, void **thread_return);`

동작	th로 지정된 스레드가 pthread_exit이나 pthread_cancel에 의해 종료되기를 기다린다. 지정된 스레드의 pthread_exit에 의한 종료 시의 매개 변수는 thread_return에 반환된다. 조인 가능한 (joinable) 스레드는 종료되어도 시스템의 스레드 관련 자원은 삭제되지 않고, pthread_join에 의해 제거된다. pthread_detach에 의해 detach된 스레드는 조인(join)할 수 없다.
매개 변수	*th* : 종료를 기다릴 목표 스레드의 식별자 thread_return : pthread_exit에서의 반환 값
반환	0 : 성공
오류	ESRCH : 지정한 스레드가 없으면 EINVAL : 지정한 스레드가 detach 되었거나, 이미 다른 thread가 종료를 기다리는 경우 EDEADLK : th가 호출 스레드 자신인 경우

14.3.4 스레드의 분리와 조인(Detaching/Joining)

스레드가 생성될 때 attribute 객체의 지정으로 스레드를 "joinable" 또는 "detached" 상태로 할 수 있다. detach된 스레드는 조인(join)할 수 없다. 실행 중인 joinable thread는 pthread_detach() 함수를 이용하여 지정하는 스레드를 "detached" 상태로 만들 수 있다. pthread_detach()의 역기능 함수는 존재하지 않는다. detach된 스레드는 조인이 필요 없는, 즉, 스레드의 exit 상태를 알 필요가 없는 경우에 사용한다. 이럴 때 조인 시까지 스레드의 exit 상태나 여러 정보를 유지할 필요가 없어 시간과 공간이 절약된다.

명시적으로 "joinable" 또는 "detached" 스레드를 생성하기 위해서는 pthread_create의 attr 인자를 사용하는데 이때, 4 단계의 처리가 필요하다.

- pthread_attr_t 형태의 attributed 변수를 선언한다.
- 이 변수를 pthread_attr_init()을 통해 초기화한다.
- attribute의 "detached" 또는 "joinable" 상태를 설정한다.
- 이런 과정이 끝나면 ptread_attr_destroy() 함수를 통하여 라이브러리의 해당 자원을 반납한다.

관련 함수들은 다음과 같다.

함수	PTHREAD_ATTR_INIT(3) #include <pthread.h> **int pthread_attr_init (pthread_attr_t *attr);**
동작	Thread의 attributed 객체를 default value로 초기화 한다. Default value: detachstate : PTHREAD_CREATE_JOINABLE other option : PTHREAD_CREATE_DETACHED schedpolicy : SCHED_OTHER other option : SCHED_FIFO, SCHED_RR schedparam : priority 0 other option : pthread_setparam 참조 inheritsched : PTHREAD_EXPLICIT_SCHED other option : PTHREAD_INHERIT_SCHED scope : PTHREAD_SCOPE_SYSTEM (linux에서는 이 모드만 제공) other option : PTHREAD_SCOPE_PROCESS
매개변수	attributed 객체의 주소
반환	성공 여부
오류	0 : 성공 nonzero : 오류

함수	PTHREAD_ATTR_INIT(3) #include <pthread.h> **int pthread_attr_setdetachstate (const pthread_attr_t *attr, int detachstate);**
동작	joinable 또는 detached 상태를 설정한다.
매개변수	detachstate에 의해 PTRHREAD_CREATE_JOINBALE과 PTHREAD_CREATE_DETACHED 중 하나로 설정한다.
반환	성공 여부
오류	0 : 성공 EINVAL : detachstate 오류

함수	PTHREAD_ATTR_INIT(3) #include <pthread.h> **int pthread_attr_getdetachstate (const pthread_attr_t *attr, int * detachstate);**

동작	현재 attribute의 상태를 반환한다.
매개변수	detachstate에 PTRHREAD_CREATE_JOINBALE과 PTHREAD_CREATE_DETACHED 중 하나를 반환한다.
반환	성공 여부
오류	0 : 성공, nonzero: 오류

함수	PTHREAD_ATTR_INIT(3) #include <pthread.h> int pthread_attr_destroy (pthread_attr_t *attr);
동작	attr 객체를 파괴한다. 재 초기화 없이는 다시 사용할 수 없다.
매개변수	attr 객체
반환	성공 여부
오류	0 : 성공, nonzero: 오류

다음은 스레드 속성(attribute) 관련 함수의 사용 예이다.

```
#include <pthread.h>
#include <stdio.h>
#include <stdlib.h>

#define NUM_THREADS 3

void *BusyWork(void *null) {
  int i;
  double result=0.0;
  for (i=0; i < 1000000; i++)
  {
    result = result + (double)random();
  }
  printf("result = %e\n",result);
  pthread_exit((void *) 0);
}

int main (int argc, char *argv[])
{
  pthread_t thread[NUM_THREADS];
  pthread_attr_t attr;
  int rc, t, status;
  /* Initialize and set thread detached attribute */
  pthread_attr_init(&attr);
  pthread_attr_setdetachstate(&attr, PTHREAD_CREATE_JOINABLE);

  for(t=0;t < NUM_THREADS;t++) {
    printf("Creating thread %d\n", t);
    rc = pthread_create(&thread[t], &attr, BusyWork, NULL);
    if (rc) {
        printf("ERROR; return code from pthread_create() is %d\n",
                rc);
        exit(-1);
    }
  } /* Free attribute and wait for the other threads */
```

```
  pthread_attr_destroy(&attr);
  for(t=0;t < NUM_THREADS;t++) {
    rc = pthread_join(thread[t], (void **)&status);
    if (rc) {
        printf("ERROR; return code from pthread_join() is %d\n",
                rc);
        exit(-1);
    }
    printf("Completed join with thread %d status= %d\n",t, status);
  }
  pthread_exit(NULL);
  return 0;
}
```

이밖에 시행 중인 스레드를 detach 하고자 할 때에는 다음의 함수를 사용한다.

함수	**PTHREAD_DETACH(3)**
	`#include <pthread.h>`
	`int pthread_detach  (pthread_t th);`

동작	실행 중인 스레드를 detached 상태로 전환한다.
매개변수	pthread id 구조체
반환	성공 여부
오류	0 : 성공, nonzero: 오류

14.4 다중 스레드(Multi-threaded) 프로그래밍

다중 스레드 프로그램은

- 다중 CPU에서의 병렬 컴퓨팅
- CPU와 I/O의 오버랩
- 파이프라인(pipeline) 프로세싱
- 다중 스레드 서버(multi-threaded server) 구축에 의한 여러 클라이언트에 대한 빠른 응답
- 여러 소스로부터의 비동기적 사건의 처리

등의 경우에 효율성을 높이기 위해 사용되는 것이 보통이다. 각각의 경우에 관한 여러 설계 형태가 있지만, 본 교재에서는 대표적인 세 가지의 다중 스레드 설계 모델을 살펴보기로 한다.

- Boss/worker 모델
- Peer 모델
- Pipeline 모델

14.4.1 Boss/Worker 모델

Boss/worker 모델은 클라이언트의 요구를 접수하는 하나의 스레드인 boss 스레드가 있고, boss는 접수된 서비스 요구를 여러 개의 worker 스레드 중에 하나에 분배하는 방식의 서버 모델을 말한다. 이처럼 함으로써 여러 개의 서비스 요구를 병행 또는 병렬로 서비스할 수 있게 된다. worker 스레드는 서비스 요구를 처리하는 worker 스레드들을 초기에 고정적으로 생성시켜 서비스하는 일반 worker 모드와 서비스 요구 접수 시 해당 스레드를 그때 그때 생성하는 동적(dynamic) worker 모델이 있다.

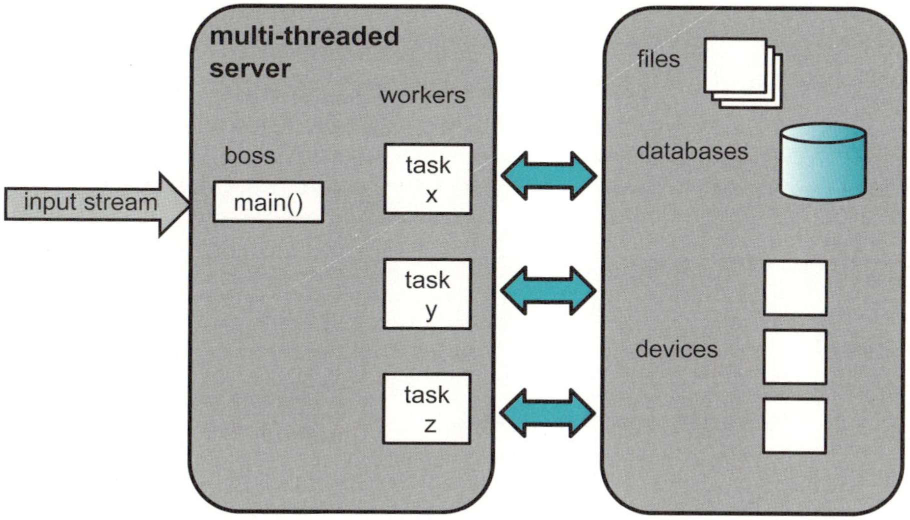

그림 14-3. Boss/Worker 모델

다음은 동적 Boss/Worker 모델의 의사 코드이다.

```
    :
int main()
{
        while(1) {
             get a request from a client;
              switch request {
                case A : pthread_create( … taskA);
               case B : pthread_create( … taskB);
                 :
                 :
           }
        }
}
```

위에서 같은 서비스 요구 A에 대해 여러 개의 taskA가 중첩으로 생성되어 서비스할 수 있음을 기억하기 바란다.

다음은 고정된 worker 스레드를 미리 생성하고 서비스하는 일반 worker 모델의 예이다.

```
 :
main()
{
        for number of worker threads
          pthread_create( … worker_thread);
        while(1) {
          get a request from a client;
           put the service request into work-queue;
           signal sleeping threads which is idle;
        }
}

worker_thread()
{
        while(1) {
          wait for a signal from the boss;
           dequeue a service request;
           do service;
        }
}
```

다음의 예는 다중 스레드 ATM server를 시뮬레이션 하는 프로그램 예제이다.

```
/* Multithreaded ATM server : Boss Thread */

typedef struct workorder {
            int conn;
            char req_buf[COMM_BUF_SIZE];
            } workorder_t;

extern int
main(argc, argv)
int argc;
char **argv;
{
        workorder_t *workorderp;
        pthread_t *worker_threadp;
        int conn;
        int trans_id;

        atm_server_init(argc, argv);

        for( ; ; ) {

            /*** Wait for a request ***/
            workorderp = (workorder_t *)malloc (sizeof(workorder_t));
            server_comm_get_request(&workorderp->conn,
                workorderp->req_buf);

            sscanf(workorderp->req_buf, "%d", &trans_id);
                if (trans_id == SHUTDOWN) {
                 :
                 :
                 :
                break;
            }
            /*** Spawn a thread to process this request ***/
```

```
            worker_threadp = (pthread_t *)malloc(sizeof(pthread_t));
            pthread_create(worker_threadp, NULL,
                process_request, (void *)workorderp);

            pthread_detach(*worker_threadp);
            free(worker_threadp);
        }

        server_comm_shutdown();
        return 0;
}
```

/* Multithreaded ATM Server: Worker Thread process_request */

```
void process_request(workeorder_t *workorderp)
{
        char resp_buf[COMM_BUF_SIZE];
        int trans_id;
        sscnf(workeorderp->req_buf, "%d", &trans_id);

        switch(trans_id) {

            case CREATE_ACCT_TRANS:
                create_account(resp_buf);
                break;

            case DEPOSIT_TRANS:
                deposit (workorderp->req_buf, resp_buf);
                break;

            case WITHDRAW_TRANS:
                withdraw(workeorderp->req_buf, resp_buf);
                break;

            case BALANCE_TRANS:
                balance(workeorderp->req_buf, resp_buf);
                break;
```

```
            default:
                handle_bad_trans_id(workeorderp->req_buf, resp_buf);
                break;
        }
        server_comm_send_response(workorderp->conn, resp_buf);

        free(workorderp);
}
```

14.4.2 Peer 모델

Worker-crew 모델이라고도 불리는 peer 모델은 boss가 없이 모든 스레드가 같은 일을 수행하는 구조인데 외부로부터의 서비스 요구를 직접 받아 처리하거나 각 스레드에 지정된 작업을 각각 처리하는 모델이다. 어떤 큰 문제를 해결하는 데 있어 큰 문제가 병행 수행 가능한 여러 개의 작은 문제로 나누어질 수 있을 때 사용하는 모델이다.

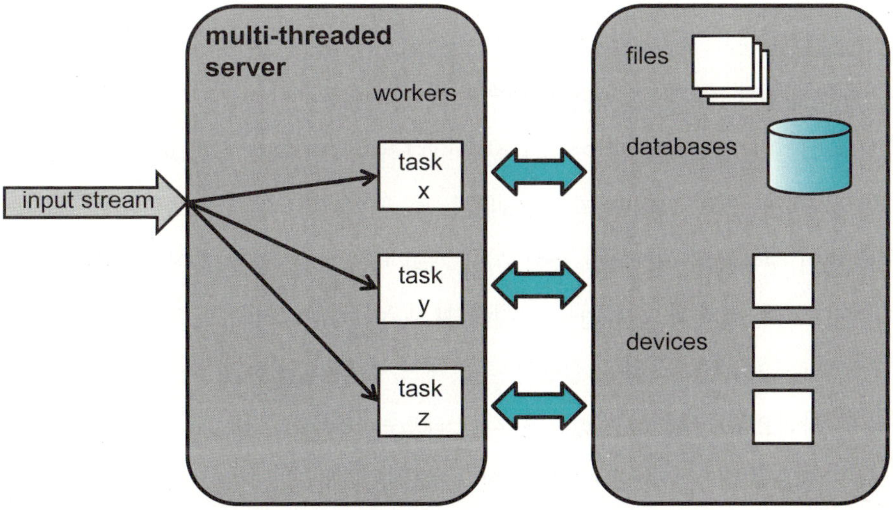

그림 14-4. Peer 모델

```
 :
main()
{
        pthread_create( … taskA);
        pthread_create( … taskB);
            :
        signal all workers to start;
        wait for all workers to finish;
            :
}

taskA()
{
        wait for start;
        perform task;
        done;
}
```

14.4.3 파이프라인(Pipeline) 모델

Pipeline 모델은 계속되는 입력 작업의 스트림이 있고 한 작업의 과정을 순차적인 몇 개의 부속 과정으로 나눌 수 있을 때 사용하는 모델이다. 공장의 조립 라인에서 분업 작업을 수행하는 경우가 이에 해당한다. 각 부속 작업 과정은 스레드에 의해 수행되며 선행 작업을 맡은 스레드는 다음 과정을 맡은 스레드에게 실행 결과를 넘겨 주어야 한다. 예를 들어 여러 개의 디스크 블록을 읽어 일련의 계산을 수행하고 이를 출력하는 작업을 고려해 보자. 이 작업에서는 디스크 입력을 담당하는 스레드와 계산 작업을 실행하는 스레드, 출력만을 전담하는 스레드를 파이프라인 방식으로 구성할 수 있으며, 각 스레드는 버퍼를 통해 자신의 작업 결과를 다음 단계의 스레드에게 넘겨주어야 한다. 이 과정에서 동기화나 상호배제 등이 필요하게 되는데 이에 관한 사항은 후속 절에서 상세히 설명한다.

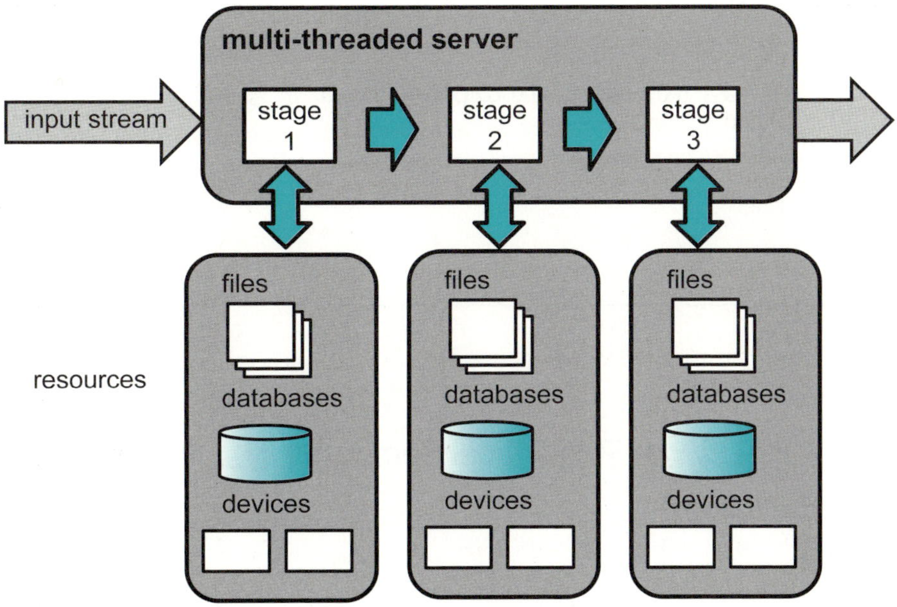

그림 14-5. Pipeline 모델

다음은 파이프라인 모델의 의사 코드 프로그램이다.

```
 :
main()
{
        pthread_create( … input_stage);
        pthread_create( … computing_stage);
        pthread_create( … output_stage);
            :
        wait for all pipeline threads to finish;
            :
}

intput_stage()
{
        while (input exists) {
```

```
            do input a block;
            pass the block to the computing thread; // 동기화 또는 buffering
            필요
        }
        done;
}
```

14.5 스레드의 임계구역(Critical Section)과 상호 배제(mutual Exclusion)

임계 구역은 프로세스의 상호배제에 관한 설명에서도 등장한 바 있다. 병행 프로세스의 경우는 데이터 영역을 공유하지 않으므로 파일이나 별도로 설정된 공유 메모리 등의 공유 자원에 대한 상호배제가 필요하였다. 이를 위한 도구들로 파일 lock이나 세마포어가 설명되었다. 스레드의 경우는 프로세스가 공유하는 파일이나 장치 이외에도 프로그램 상의 데이터 영역을 묵시적으로 공유하므로 상호배제의 필요성이 더욱 빈번하게 발생한다. 임계 구역이란 두 개 이상의 스레드가 공유 자원에 병행으로 접근하는 코드 부분을 말하는데, 이 절에서는 스레드의 상호 배제를 설명하는 절이므로 데이터 영역 공유에 의한 임계 구역 문제를 대표적으로 다룬다. 임계 구역의 개념을 이해하기 위해 가장 전형적인 예제인 생산자/소비자의 문제를 살펴보기로 한다. 생산자/소비자 문제는 생산자와 소비자 스레드가 공유 데이터 영역 내의 버퍼를 사이에 두고, 생산자는 자료를 생성하여 버퍼에 보내고, 소비자는 버퍼에서 자료를 인출하여 병행으로 처리하는 전형적인 문제를 말한다. 이러한 문제에서 생산자와 소비자는 사용자의 스레드일 수도 있고 운영체제의 각 요소가 될 수도 있다. 예를 들어, 네트워크 통신을 위한 채널에(일반적으로 소켓) 출력하는 경우에, 관련 시스템 호출은 메시지를 시스템 버퍼에 채우고, 네트워크 장치 구동기는 버퍼에서 자료를 꺼내서 전송을 수행한다. 여기에서 시스템 호출은 생산자이고, 구동기는 소비자가 된다. 생산자/소비자 문제에 대한 간단한 설명을 위해 위와 같이 묘사하였지만, 실제의 네트워크 전송에서 전송 자료(메시지, 패킷)는 여러 프로토콜 계층을 거치며 처리된다. 이때 최상위의 시스템 호출, 프로토콜 각 계층, 최종 계층의 네트워크 장치 구동기 사이에는 항상 버퍼가 존재하고, 따라서 이들이 각각 아래 계층으로 버퍼를 이용해 자료를 넘길 때 자신은 생산자, 그 아래 계층은 소비자에 해당하는 것이다. 이때 사용되는 버퍼는 그 크기가 유한하여 여러 가지 동기화의 문제가 같이 발생하는데 이를 "유한 버퍼 생산자/소비자 문제"라 한다. 즉, 생산자와 소비자는 고정된 크기의 공유 버퍼에 접근하게 되는데, 생산자는 버퍼가 꽉 찼을 때 생산한 자료를 삽입할 수 없어 대기하여야 하고, 반면에 버퍼가 비어있을 때 소비자는 빈 버퍼에서 자료를 가지고 올 수 없어 대기하게 된다. 또한, 버퍼의 포인터를 한 스레드에서 수정하는 동안에, 다른 스레드는 포인터의 접근에서 배제되어야 한다.

다음 프로그램에서는 유한 버퍼 문제의 해결책으로서, 공유되는 크기 n인 버퍼를 두 개의 논리적 포인터 in과 out을 사용한 원형 배열로써 구현하고 있다. 변수 in은 다음의 비어 있는 버퍼의 위치를 가리키고, 변수 out은 채워진 버퍼 내의 장소들의 맨 첫 번째를 가리킨다. counter는 버퍼에 저장된 자료의 개수를 가지는 변수이다. 생산자와 소비자는 버퍼에 자료를 삽입할 때 버퍼가 모두 차서 삽입할 수 없으면 가능할 때까지, 또한, 버퍼가 모두 비어서 인출이 불가능하면 자료가 생길 때까지 while문으로 counter를 검사하는 loop을 수행한다.

14.5.1 스레드를 이용한 생산자/소비자 문제

다음과 같은 생산자 소비자 문제를 보기로 하자.

```
char buffer[n];
int in=0, out=0;
char nextp, nextc;

int counter=0;
// 각 스레드는 메인 프로그램에서 생성되었다고 가정한다.

producer-thread    // pseudo code
{
    while (1) {
        …
        produce an item in nextp
        …
        while (counter == n) ; // wait for an empty buffer
        buffer[in] = nextp;
        in = (in + 1) % n ;
        counter = counter + 1;
    }
}
consumer-thread    // pseudo code
{
    while (1) {
        while (counter == 0) ; // wait for an item
        nextc = buffer[out] ;
        out = (out + 1) % n ;
        counter = counter -1;
        …
        consume the item in nextc
        …
    }
}
```

비록 생산자 루틴과 소비자 루틴 각각이 옳게 만들어져 있다 할지라도, 동시에 실행될 때에는 그 기능이 옳지 않게 동작 될 수도 있다. 예를 들어, 현재 counter 변수의 값이 5이고, 생산자 프로세스와 소비자 프로세스가 문장 "counter=counter+1"과 문장 "counter=counter-1"을 동시에 실행한다고 가정해 보자. 이 두 문장의 실행 결과로 변수 counter가 갖게 될 값은 4, 5 또는 6이 될 수 있다. 옳은 결과는 생산자와 소비자가 각각 별도로 실행되었을 때 갖게 되는 값인 counter = 5이다.

counter값이 옳지 않을 수 있다는 것은 다음과 같은 방법으로 알아낼 수 있다. 문장 "counter = counter +1"은 CPU의 형태에 따라 기계어로 다음과 같은 세 개의 명령으로 구현될 수도 있다는 점에 주목하여야 한다.

```
register1 = counter ;
register1 = register1 + 1 ;
counter = register1 ;
```

또한, 문장 "counter = counter -1"은 기계어로 다음과 같이 구현될 수 있다.

```
register2 = counter ;
register2 = register2 - 1 ;
counter = register2 ;
```

여기서 register1과 register2는 CPU 레지스터들이며, 각 레지스터의 내용은 인터럽트 처리기와 CPU 스케줄링 루틴에 의해 저장되었다가 복귀될 것이다.

"counter=counter+1"과 "counter=counter-1"의 동시 수행은 위에 제시된 하위 레벨 언어가 임의의 순서(그러나 상위 레벨 언어의 각 문장에 대한 순서는 유지되도록)로 겹쳐진 형태를 이루어, 순서에 따라 실행되는 것으로 생각할 수 있다.

```
T0 : 생산자가  register1 = counter를 수행         { register1 = 5 }
T1 : 생산자가  register1 = register1 + 1을 수행   { register1 = 6 }
T2 : 소비자가  register2 = counter를 수행         { register2 = 5 }
T3 : 소비자가  register2 = register2 - 1을 수행   { register2 = 4 }
T4 : 생산자가  counter = register1을 수행         { counter = 6 }
T5 : 소비자가  counter = register2를 수행         { counter = 4 }
```

위의 순서는 여러 실행 시나리오의 한 가지로 볼 수 있다. 이 예에서 알 수 있는 바와 같이, 실제적으로는 버퍼 내에 다섯 장소에 자료가 있음에도 "counter = 4"라는 옳지 못한 상태가 초래된다. 만일 T4와 T5 문장의 순서를 뒤바꾸면 "counter = 6"이라는 옳지 못한 상태를 초래할 것이다. 그러나 이러한 임계 구역의 문제가 디버깅 과정에서 더욱 어려운 점은 두 스레드의 기계어 실행 순서에 따라 때로는 바르게, 때로는 오류를 포함한다는 사실이다.(이를 프로그램이 결정성(determinism)이 없다고 한다.)

결국, 이처럼 옳지 못한 상태를 초래하는 이유는, 두 프로세스가 공유 변수 counter에 동시에 접근하기 때문이다. 이와 같은 문제를 해결하기 위해서는, 변수 counter를 어떤 시간에 한 스레드만이 유일하게 접근할 수 있게 하여야 한다.

이처럼 공유 변수에 대해 배타적 접근이 필요한 부분을 임계 구역(critical section)이라 하고 이의 해를 상호배제라 한다.

다음 〈그림 14-6〉의 시나리오는 또 다른 하나의 대표적 임계 구역 문제로 프로세스의 상호배제에서 설명한 바와 같이 구좌의 인출과 예금에서 발생하는 것이다. 하나의 구좌에 두 개의 스레드가 거의 동시에 입금(deposit)을 실행한다. 이때 스레드들은 병행 수행되므로 각 단위 작업은 다음 그림과 같은 시나리오로 실행될 수 있고 이때의 결과는 한 스레드의 입금 내용을 잃는 것으로 나타난다.

14.5.2 스레드의 상호배제(Mutual Exclusion)

상호 배제는 프로세스의 상호베제에서도 설명하였듯이 스레드들이 공유 자원에 접근하는 임계 구역에 대해, lock기능을 제공함으로써 한 스레드가 자신의 임계 구역에 진입하였을 때, 다른 스레드는 자신들의 임계 구역에 진입을 못 하게 함으로써 임계 구역을 보호하는 스레드 간의 임계구역 접근 프로토콜을 말한다. 즉, 위의 예에서 두 스레드는 모두 잔액을 읽고 입금을 마칠 때까지의 구역에 lock을 함으로써 한 스레드에게만 임계 구역에 진입을 허용해야 결정성을 얻을 수 있다. 임계 구역에 진입할 때에는 lock을 획득하여(다른 thread가 진입하지 않은 상태이면 lock을 걸고 진입하고, 다른 스레드가 이미 진입해 있으면 lock을 획득할 수 있을 때까지 대기한다) 진입한다. 임계 구역을 벗어날 때에는 lock을 해제함으로써 진입을 대기할 수도 있는 타 스레드를 깨워주게 된다. 이와 같은 상호 배제 프로토콜은 임계 구역을 가진 스레드들이 모두 지키는 것이므로 advisory lock이라 한다.

Thread 1	Thread 2	Balance
Read balance $500		$500
	Read balance $500	$500
	Deposit $200	$500
Deposit $300		$500
Update $500+$300		$800
	Update $500+$200	$700

그림 14-6. 임계구역의 예

운영체제에서 제공하는 상호배제의 보편적 도구로는 프로세스의 상호배제에서 설명한 세마포어가 있다. 그러나 일반 사용자는 보통 세마포어에 친숙하지 못하므로 Pthread 라이브러리에서는 세마포어와 함께 별도의 상호배제 도구를 제공하고 있는데, 이들은 mutex 변수와 관련 함수들로 구성된다. 다음은 mutex에 의한 상호 배제 구현의 순서이다.

*mutex 사용 순서

- mutex variable을 생성한다.
- 스레드들은 mutex에 대해 lock을 시도한다.
- mutex에 대한 lock은 한 스레드만 성공하고 성공한 스레드는 mutex를 소유한다.
- mutex 소유 스레드는 임계 구역의 작업을 수행한다.
- 스레드는 mutex에 대해 unlock을 수행한다.
- 대기하던 스레드 중 하나는 mutex를 소유하고 임계 구역으로 진입한다.

mutex 변수는 선언 후 반드시 초기화되어야 하는데, 초기화에는 동적 방법과 정적 방법이 있다.

다음은 상호배제 구조체의 동적 초기화 관련 함수이다.

함수	**PTHREAD_MUTEX(3)**
	`#include <pthread.h>`
	`int pthread_mutex_init (pthread_mutex_t *mutex const pthreaad_mutexattr_t *mutexattr);`
	`int pthread_mutex_destroy(pthread_mutex_t *mutex);`

동작	mutexattr에 지정된 대로 mutex를 동적으로 초기화 한다. mutexattr 인수가 NULL이면 default 값으로 초기화 한다. pthread_mutex_destory는 mutex를 제거한다.
반환	항상 0 (pthread_mutex_init) 오류 : EBUSY (pthread_mutex_destory의 경우 mutex가 lock되어 있을 때)

함수	PTHREAD_MUTEXATTR(3) #include <pthread.h> int pthread_mutexattr_init (pthreaad_mutexattr_t *attr); int pthread_mutexattr_destroy ((pthreaad_mutexattr_t *attr);
동작	pthread_mute_init는 attr를 기본 값으로 초기화 한다. (기본 값이 아닌 setting은 각 운영체제의 제공 자료를 참조) pthread_mutex_destory는 attr를 제거한다.
반환	항상 0

다음은 mutex 변수의 정적 초기화 방법이다.

```
pthread_mutex_t mymutex =  THREAD_MUTEX_INITIALIZER;
```

초기화된 mutex는 unlock 상태이다.

14.5.3 mutex 사용 함수들(pthread_mutex(3))

우선 lock을 획득하기 위한 함수들을 보도록 하자.

```
int pthread_mutex_lock (pthread_mutex_t *mutex)
int pthread_mutex_trylock (pthread_mutex_t *mutex)
int pthread_mutex_unlock (pthread_mutex_t *mutex)
```

pthread_mutex_lock() 함수는 임계 구역 진입 전에 mutex 변수에 대한 lock을 획득하기 위해 사용한다. 이미 다른 스레드에 의해 lock에 되어 있으면 unlock될 때까지 대기한다. pthread_mutex_trylock() 함수는 mutex에 대한 lock을 시도하고, 이미 해당 mutex가 이미 lock되어 있으면 대기하지 않고 바로 error(EBUSY) return 한다. pthread_mutex_unlock()은 mutex lock을 가진 스레드가 mutex

를 unlock하는 함수로, mutex에 대해 대기 중인 스레드가 있으면 이들을 깨우고 이들 중 우선순위가 높은 것이 lock을 획득하여 임계 구역으로 진입하게 한다. mutex가 이미 unlock되어 있거나 자신이 lock을 가진 mutex가 아닐 경우 error return을 한다.

즉 임계 구역의 상호 배제에 의한 보호는 다음의 형식을 가진다.

```
pthread_mutex_t mutex_name = PTHREAD_MUTEX_INITIALIZER;
        // 상호배제 구조체의 생성 및 초기화
            :
        // in a thread
            :
    pthread_mutex_lock (&mutex_name); // 세마포어의 wait와 같다.
        critical section;
    pthread_mutex_unlock (&mutex_name); // 세마포어의 signal과 같다.
```

다음은 상호 배제의 예제 프로그램으로, 두 벡터(vector)의 내적을 계산할 때, 여러 스레드가 벡터의 각 부분을 분할하여 계산하고 그 합을 구하여 벡터 전체의 내적을 구하는 프로그램이다.

```
#include <pthread.h>
#include <stdio.h>
#include <malloc.h>

typedef struct {
        double *a;  // first vector
        double *b;  // second vector
        double sum; // dot product of two vectors
        int veclen; // dimension
} DOTDATA;

#define NUMTHRDS 4
```

```
#define VECLEN 100

DOTDATA dotstr;
pthread_t callThd[NUMTHRDS];
pthread_mutex_t mutexsum;

void *dotprod(void *arg) {
        int i, start, end, offset, len ;
        double mysum, *x, *y;

        offset = (int)arg;
        len = dotstr.veclen;
        start = offset*len;
        end = start + len;
        x = dotstr.a;    y = dotstr.b;

        /* Perform the dot product */
        mysum = 0;
        for (i=start; i < end ; i++) {
            mysum += (x[i] * y[i]);
        }

        /* Lock a mutex prior to updating the value in the shared
structure, and unlock it upon updating. */
        pthread_mutex_lock (&mutexsum);
        dotstr.sum += mysum;
        pthread_mutex_unlock (&mutexsum); pthread_exit((void*) 0);
}

int main (int argc, char *argv[]) {
        int i;
        double *a, *b;
        int status;
        pthread_attr_t attr;
        a = (double*) malloc (NUMTHRDS*VECLEN*sizeof(double));
        b = (double*) malloc (NUMTHRDS*VECLEN*sizeof(double));
        for (i=0; i < VECLEN*NUMTHRDS; i++) {
```

```
        a[i]=1;
        b[i]=a[i];
    }
    dotstr.veclen = VECLEN;
    dotstr.a = a;
    dotstr.b = b;
    dotstr.sum=0;
    pthread_mutex_init(&mutexsum, NULL);
    /* Create threads to perform the dotproduct */
    pthread_attr_init(&attr);
    pthread_attr_setdetachstate(&attr, PTHREAD_CREATE_JOINABLE);
    for(i=0;i < NUMTHRDS;i++) {
        pthread_create( &callThd[i], &attr, dotprod, (void *)i);
    }
    pthread_attr_destroy(&attr);

    /* Wait on the other threads */
    for(i=0;i < NUMTHRDS;i++) {
        pthread_join( callThd[i], (void **)&status);
    }

    /* After joining, print out the results and cleanup */
    printf ("Sum = %f \n", dotstr.sum);
    free (a); free (b);
    pthread_mutex_destroy(&mutexsum);
    pthread_exit(NULL);

    return 0;
}
```

14.6 스레드의 동기화와 컨디션(Condition) 변수

컨디션 구조체는 스레드 실행 중 발생하는 어떤 조건(예를 들면 생산자/소비자에서의 버퍼 full 및 empty)을 상징하는 것으로, 협동하는 스레드들은 컨디션 변수를 설정하고 이 조건 변수가 설정되기를 기다리는 스레드와, 기다리는 스레드를 깨워 주기 위해 조건을 설정하고 신호를 보내는 스레드들에 의해 사용된다. 즉 컨디션은 스레드 간의 동기화 도구이다. 주의할 점은 컨디션은 보통 mutex lock과 연계해서 사용해야 된다는 점이다.

14.6.1 컨디션 변수의 생성과 제거 함수들

다음의 함수들은 컨디션 변수들을 생성, 초기화, 삭제하는 함수들이다.

```
PTHREAD_COND(3) , PTHREAD_CONDATTR(3)
#include <pthread.h>

int pthread_cond_init (pthread_cond_t *cond, pthread_
condattr_t *cond_attr)
int pthread_cond_destroy (pthread_cond_t *cond)
int pthread_condattr_init (pthread_condattr_t *attr)
int pthread_condattr_destroy (pthread_condattr_t *attr)
```

컨디션 변수는 pthread_cond_t 자료형으로 선언되어야 하고, 사용 전에 초기화되어야 한다. 초기화의 방법에는 두 가지가 있다.

- 정적인 방법:
  pthread_cond_t myconvar = PTHREAD_COND_INITIALIZER;
- 동적인 방법
  pthread_cond_init(condition, attr);

리눅스에서 pthread_condattr_init(attr)에 의한 attr 초기화는 의미가 없다.(POSIX 호환성을 위해 제공됨) 따라서 사용자는 pthread_cond_init에서 attr 인자에 NULL을 사용하여 기본값으로 초기화한다.

14.6.2 컨디션 변수에 대한 waiting 및 signaling

스레드의 컨디션 변수에 대한 대기와 컨디션 변수를 설정하여 대기 스레드를 깨워주는 함수들은 다음과 같다.

```
PTHREAD_COND(3)
#include <pthread.h>

int pthread_cond_wait(pthread_cond_t *cond, pthread_mutex_t
*mutex);
int pthread_cond_signal((pthread_cond_t *cond);
int pthread_cond_broadcast(pthread_cond_t *cond);
int pthread_cond_timedwait(pthread_cond_t *cond, pthread_
mutex_t *mutex, const struct timespec *abstime);
```

pthread_cond_wait() 함수는 지정된 condition이 signal 될 때까지 호출 스레드를 대기시키는 함수로, 반드시, 입력 인수 mutex가 locked된 상태에서 호출되어야 하며, 호출되면 자동적으로 mutex를 unlock하고 대기한다. 호출된 스레드가 signal에 의해 깨어날 때에는 mutex는 다시 lock이 걸린 상태로 반환된다.

pthread_cond_signal()은 pthread_cond_wait()로 대기하는 스레드를 깨우는 함수이다. 이 함수도 mutex가 lock된 상태에서 호출되어야 한다.

pthread_cond_broadcast() 함수는 어떤 컨디션에서 대기하는 여러 스레드 모두를 깨울 때에 사용된다.

pthread_cond_timedwait() 함수는 기능 면에서 pthread_cond_wait와 같으나 대기 시간에 한계를 준다. 만일 지정된 한계 시간 안에 signal이 없었다면 반환 시에 mutex는 lock 된 상태로 반환되며 반환 값은 ETIMEOUT이 된다. abstime의 지정은 time(2)를 참조하기 바란다.

pthread_cond_wait()에 의한 대기 스레드가 없는 상태에서의 pthread_cond_signal() 호출은 컨디션이나 스레드들에게 아무런 영향을 미치지 않는다.(즉 세마포어의 v 연산과는 달리 cond_signal은 스택(stack)되지 않으므로 주의하여야 한다)

위의 pthread_cond_wait 함수 호출에서 매개변수로 컨디션 구조체와 함께 상호배제 구조체가 사용되었다. 그 이유는 pthread_cond_wait를 이용하여 대기하는 부분과 pthread_cond_signal을 이용하여 깨워 주는 부분이 모두 임계 구역에 있었기 때문이다. 즉, 임계 구역 진입 시, mutex에 대한 lock을 수행한 스레드가 그대로 대기 상태로 들어가면 pthread_cond_signal을 수행하는 다른 스레드는 임계 구역으로 진입하지 못하여 signal을 수행할 수 없게 된다. 즉 대기 상태의 스레드는 임계 구역을 잠그고 있고, 이를 깨워 줄 스레드는 임계구역으로의 진입을 기다리는 상태가 되어 교착 상태가 발생한다.

따라서 wait와 signal을 임계 구역 안에서 수행해야 할 때에는, wait를 수행하는 스레드는 대기 직전에 상호배제를 해제해야 하고, signal에 의해 깨어나서 임계구역을 재실행하기 직전에 다시 상호배제를 위한 lock을 획득해야 한다. 이는 일반적으로 임계 구역 안에서 동기화를 수행할 때, 모두 적용되는 원칙임을 기억하자. 물론 임계 구역 안이 아니라면 pthread_cond_wait에서의 mutex 구조체 주소는 NULL로 주면 된다.

또 한가지 컨디션의 사용에서 유의할 점은, 컨디션의 signal은 세마포어의 signal과 다른 점이 있다는 것이다. 즉 세마포어의 signal은 세마포어의 값을 하나 증가시키므로, 그 이후에 wait를 수행하는 프로세스나 스레드는 그대로 통과할 수 있지만, 컨디션의 signal은 이러한 작용이 없고, 단지 대기하고 있는 스레드가 있을 경우에만 효과가 있다는 점이다. 즉, signal 효과가 스택되지 않는다는 점이다. 따라서 컨디션을 이용한 동기화 시에, 수행의 병행성으로 인해, wait 이전에 signal이 먼저 수행되면, wait를 수행한 스레드는 영원히 깨어나지 못할 수 있다는 점에 주의해야 한다.

*컨디션 사용 시에 주의할 점

- 컨디션을 이용한 wait와 signal을 임계 구역 내부에서 수행할 때에는, wait에서 상호배제를 해제해야 한다. 이는 wait에 상호배제 구조체를 변수로 주면 해결한다.
- 컨디션을 이용한 signal은 세마포어의 signal과 달리 스택되지 않는다. 즉 실행의 병행성으로 인해 wait보다 signal이 먼저 일어날 경우에 문제가 발생하지 않는지 확인해야 한다.

위와 같은 Pthread 라이브러리의 상호 배제와 동기화 도구의 종합적 사용을 이해하기 위해 생산자/소비자 프로그램을 예로 보기로 한다.

*Pthread를 이용한 생산자/소비자 문제의 구현

```
#include <stdio.h>
#include <pthread.h>
void* producer (void *arg);
void* consumer (void *arg);

//shared variables
int buffer[100];
int count = 0;
int in = -1, out = -1;

pthread_mutex_t mutex= PTHREAD_MUTEX_INITIALIZER;
pthread_cond_t buffer_has_space= PTHREAD_MUTEX_INITIALIZER;
pthread_cond_t buffer_has_data= PTHREAD_MUTEX_INITIALIZER;

int main(void)
{
        int i;

        pthread_t threads[2];
```

```
        pthread_create(&threads[0],NULL,producer,NULL);
        pthread_create(&threads[1],NULL,consumer,NULL);

        for (i=0; i < 2; i++)
            pthread_join(threads[i], NULL);

        return 0;

}

void* producer (void * arg)
{
        int i;
        for (i =0; i < 1000; i++) {
            pthread_mutex_lock(&mutex);
            if (count == 100)
                pthread_cond_wait(&buffer_has_space,&mutex);

            in++; in %= 100;
            buffer[in] = i;
            count++;
            pthread_cond_signal(&buffer_has_data);

            pthread_mutex_unlock(&mutex);
        }
}

void* consumer (void* arg)
{
        int i,data;
        for (i =0; i < 1000; i++) {
            pthread_mutex_lock(&mutex);
            if (count == 0)
                pthread_cond_wait(&buffer_has_data,&mutex);

            out++; out %= 100;
            data = buffer[out];
```

```
            count--;
            pthread_cond_signal(&buffer_has_space);

            pthread_mutex_unlock(&mutex);
            printf("data = %d\n",data);
        }
}
```

위의 생산자 소비자 문제에서 두 스레드 간의 공유 자원에 대해 직접적인 임계 구역 문제가 발생하는 것은 "count++"와 "count--"이다. 이를 위해 두 스레드는 상호배제를 위한 mutex를 사용하였으며, 이러한 임계 구역 내에서 버퍼가 모두 찼거나 완전히 비었을 때 대기하는 생산자와 소비자의 동기화를 위해, 각각, "buffer_has_space"와 "buffer_has_data"라는 컨디션 변수들을 사용하였다. 이때 이러한 동기화는 임계 구역 안에서 일어나므로 임계 구역 내에서 대기하였다가 다시 깨어났을 때에는 상호배제가 보장되어야 한다. 또한, 임계 구역 내에서 컨디션에 의한 대기를 실행할 때에는 상호배제를 해제하여 다른 스레드가 임계 구역에 들어갈 수 있도록 해야 한다. 이 때문에 pthread_cond_wait와 pthread_cond_signal에는 mutex가 보조 인수로 사용되었음에 유의하도록 하자.

다음의 예제 프로그램은 두 개의 스레드가 count를 증가시키고 다른 하나의 스레드는 count 값이 정해진 한계 값에 도달할 때까지 기다리는 간단한 예제 프로그램이다. 이 예에서, 어떠한 스레드에 의해 count 값이 각각 증가하고 signaling이 일어나는지 살펴보기 바란다.

```
#include <pthread.h>
#include <stdio.h>
#define NUM_THREADS 3
#define TCOUNT 10
#define COUNT_LIMIT 12
int count = 0;
int thread_ids[3] = {0,1,2};
pthread_mutex_t count_mutex;
pthread_cond_t count_threshold_cv;

void *inc_count(void *idp)
{
int j,i;
double result=0.0;
int *my_id = idp;

       for (i=0; i < TCOUNT; i++)  {
           pthread_mutex_lock(&count_mutex);
           count++;
/* Check the value of count and signal waiting thread
      when condition is reached. Note that this occurs while mutex
      is locked. */

       if (count == COUNT_LIMIT) {
           pthread_cond_signal(&count_threshold_cv);
           printf("inc_count(): thread %d, count = %d Threshold
           reached.\n", *my_id, count);
       }
       printf("inc_count(): thread %d, count = %d, unlocking
       mutex\n",  *my_id, count);
       pthread_mutex_unlock(&count_mutex);
/* Do some work so threads can alternate on mutex lock */ for (j=0;
   j < 1000; j++)
           result = result + (double)random();
       }
       pthread_exit(NULL);
}
```

```
void *watch_count(void *idp)
{
int *my_id = idp;
        printf("Starting watch_count(): thread %d\n", *my_id);

        pthread_mutex_lock(&count_mutex);
        while (count < COUNT_LIMIT) {
            pthread_cond_wait(&count_threshold_cv, &count_mutex);
            printf("watch_count(): thread %d Condition signal
            received.\n", *my_id);
        }
        pthread_mutex_unlock(&count_mutex);
        pthread_exit(NULL);
}

int main (int argc, char *argv[])
{  int i, rc;
        pthread_t threads[3];
        pthread_attr_t attr; /* Initialize mutex and condition
        variable objects */

        pthread_mutex_init(&count_mutex, NULL);
        pthread_cond_init (&count_threshold_cv, NULL);
/* For portability, explicitly create threads in a joinable state so
   that they can be joined later. */
        pthread_attr_init(&attr);
        pthread_attr_setdetachstate(&attr, PTHREAD_CREATE_JOINABLE);
        pthread_create(&threads[0], &attr, inc_count, (void
        *)&thread_ids[0]);
        pthread_create(&threads[1], &attr, inc_count, (void
        *)&thread_ids[1]);
        pthread_create(&threads[2], &attr, watch_count,
        (void*)&thread_ids[2]);

        for (i = 0; i < NUM_THREADS; i++) {
            pthread_join(threads[i], NULL);
        }
```

```
        printf ("Main(): Waited on %d threads. Done.\n", NUM_
        THREADS);
/* Clean up and exit */
        pthread_attr_destroy(&attr);
        pthread_mutex_destroy(&count_mutex);
        pthread_cond_destroy(&count_threshold_cv); pthread_
        exit(NULL);
}
```

14.7 Pthread의 세마포어에 의한 동기화

프로세스의 상호배제와 동기화 관련 절에서 SysV 세마포어에 관해 설명하였다. 같은 개념의 세마포어를 스레드 프로그램에 적용할 때에는 스레드간에 사용할 수 있는 pthread semaphore(POSIX 1003.1b)를 사용할 수 있다. 물론 pthread 라이브러리에서는 사용이 편리한 mutex와 condition을 제공하지만 좀 더 유연한 동기화를 위해서는 라이브러리 제공의 세마포어를 사용할 수도 있다.(단 유의할 점은 POSIX 표준 세마포어 API는 스레드 및 프로세스 간의 동기화에 모두 사용할 수 있도록 정의되어 있으나 리눅스는 스레드간의 동기화 기능만 제공한다는 점이다.)

세마포어는 선언된 세마포어 구조체를 이용하여 sem_init으로 초기화함으로써 생성된다. 반면 세마포어는 sem_destroy를 통해 제거된다.

```
SEMAPHORES(3)
#include <semaphore.h>

sem_t sem;
int sem_init(sem_t *sem, int pshared, unsigned int value);
int sem_destroy(sem_t *sem);

    입력 값
        - sem : 선언된 세마포어 구조체의 주소
        - pshared : 0일 경우 한 프로세스 내의 스레드간 사용 세마포어
          를 의미하고 0이 아닐 경우 프로세스 간 세마포어를 말하는데,
          리눅스에서 프로세스 간 세마포어는 아직 지원되지 않는다.
        - value : 세마포어의 초기값
    반환 값
        - 정상 : 0
        - 에러 : -1
```

위와 같이 초기화된 세마포어에 대해 다음의 함수들을 이용하여 P 또는 V 연산을 수행할 수 있다.

```
SEMAPHORES(3)
#include <semaphore.h>

int sem_wait (sem_t *sem);
int sem_trywait (sem_t *sem);
int sem_post (sem_t *sem);
int sem_getvalue (sem_t *sem, int * sval);

        입력 값
           - sem : 선언된 세마포어 구조체의 주소
           - sval : 세마포어의 현재 값이 반환되는 정수 변수의 주소
        반환 값
           - 정상 : 0
           - 에러 : -1
```

위에서 sem_wait 함수는 세마포어가 0이 아닌 값을 가지기를 대기하다 깨어나면 세마포어의 값을 하나 감소시킨다.(즉 counting semaphore의 P 연산에 해당된다.) sem_post 함수는 세마포어의 값을 원소적 연산으로 하나 증가시킨다. 이때 세마포어의 값이 0이 아닌 값이 될 경우에는 대기 스레드를 깨우는 역할도 수행한다.(이는 counting semaphore의 V 연산에 해당한다) sem_trywait의 경우는 이 함수 호출로 기다려야 될 경우, 대기하지 않고 0을 return하는 함수로 deadlock 방지들을 위한 목적으로 사용된다. 기타 함수의 설명은 생략하기로 한다.

앞서 mutex와 condition을 사용하는 대표적인 예로서 설명한 생산자/소비자 문제는 세마포어를 이용하면 다음과 같이 프로그램 될 수 있다. 이 예에서는 상호배제를 위하여 하나의 세마포어, 동기화를 위해 두 개의 counting 세마포어를 하였는데, 이는 세마포어가 단순한 상호배제뿐만 아니라 동기화에도 사용될 수 있음을 보여 주고 있다.

```
#include <stdio.h>
#include <pthread.h>
#include <semahore.h>
void producer (void *arg);
void consumer (void *arg);
sem_t mutex;
sem_t num_space;
sem_t num_data;

int buffer[100];
int count = 0;
int in = -1, out = -1;

int main(void)
{   int i;
        pthread_t threads[2];
        int res;

        res = sem_init(&mutex, 0, 1);
        if (res != 0) {
            peroror ("semaphore init. failed\n");
            exit(1);
        }
        res = sem_init(&num_space, 0, 100);
        if (res != 0) {
            peroror ("Semaphore init. failed\n");
            exit(1);
        }
        res = sem_init(&num_data, 0, 0);
        if (res != 0) {
            peroror ("Semaphore init. failed\n");
            exit(1);
        }

        pthread_create(&threads[0],NULL,producer,NULL);
        pthread_create(&threads[1],NULL,consumer,NULL);
        for (i=0; I < 2; I++)
```

```
            pthread_join(threads[i], NULL);
        sem_destroy(&mutex);
        sem_destroy (&num_space);
        sem_destroy (&num_data);
        return 0;
}
void producer (void)
{   int i;
        for (i =0; I < 1000; I++) {
            sem_wait(&num_space); //wait until an available space exists
            sem_wait(&mutex);
            in++; in %= 100;
            buffer[in] = i;
            count++;
            sem_post(&num_data);
            sem_post (&mutex);
        }
}

void consumer (void)
{
        int i,data;
        for (i =0; I < 1000; I++) {
            sem_wait(&num_data);
            sem_wait(&mutex);
            out++; out %= 100;
            data = buffer[out];
            count--;
            sem_post(&num_space);
            sem_post(&mutex);
            printf("data = %d\n",data);
        }
}
```

위 예제에서 사실 sem_wait(&mutex)와 sem_post(&mutex)는 필요치 않다. 그 이유는 임계구역의 원인인 count 변수를 사용하지 않기 때문이다.

14.8 Pthread 스케줄링

Pthread의 경우에도 프로세스 스케줄링에서 설명한 바와 같이 일반 스레드로 SCHED_OTHERS, 실시간 스레드로 SCHED_FIFO 및 SCHED_RR을 스케줄링 정책으로 설정하여 사용할 수 있다. 물론 프로세스에서와 마찬가지로 실시간 스레드는 수퍼 유저만이 사용할 수 있다. 관련 함수는 pthread attribute를 사전 설정하여 pthread 생성 시 사용하는 함수들과 pthread 실행 중 우선순위를 조정하는 함수들로 나누어지는데, thread 생성 전 attribute를 사전 설정하여 pthread_create 시에 스케줄링 정책과 우선순위를 결정하는 함수들은 다음과 같다.

```
PTHREAD_ATTR_INIT(3)
int pthread_attr_setschedpolicy (ptrhead_attr_t *attr, int
policy);
int pthread_attr_setschedparam (pthread_attr_t *attr, struct
sched_param *param);
struct sched_param {
...
int sched_priority;
...
};
```

입력 값

- attr : thread 생성 시 사용할 attribute 구조체
- policy : SCHED_OTHERS, SCHED_FIFO, SCHED_RR
- param : 설정 priority를 포함하는 sched_param 구조체 주소
  프로세스 스케줄링에서도 설명한 바와 같이 SCHED_OTHERS의 경우 우선순위는 0으로 주고 이후 동적으로 변화한다. SCHED_FIFO와 SCHED_RR의 경우는 실시간 스레드로 수퍼 유저만이 사용할 수 있다.

반환값

- 정상 : 0
- 에러 : -1

다음은 동적으로 정책과 우선순위를 변경하는 함수들이다.

```
PTHREAD_SETSCHEDPARAM(3)
#include <pthread.h>

int pthread_setschedparam(pthread_t target_thread, int
policy, const struct sched_param *param);
int pthread_getschedparam(pthread_t target_thread, int
*policy, struct sched_param *param);

    입력 값
        - target_thread : 대상 thread의 id
        - policy : SCHED_OTHERS, SCHED_FIFO, SCHED_RR
        - param : 설정 priority를 포함하는 sched_param 구조체 주소
    반환 값
        - 정상 : 0
        - 에러 : -1
```

연습 문제

1. 배열 a[100]의 원소의 합과 b[100]의 원소의 합을 각각 다른 thread가 계산하고 다시 이들의 합을 구하여 출력하는 프로그램을 작성하시오.
2. 연결형 통신 기반의 다중 클라이언트를 위한 파일 전송 프로그램을 다중 스레드 기반으로 작성하시오.
3. 본문 예제의 생산자/소비자 프로그램을 ring buffer가 아닌 stack 기반으로 작성하시오. 생산자는 stack array가 모두 차면 대기하고 소비자는 stack이 비었을 때 대기한다.

참고문헌

1] 김길창, 김정국, 운영체제개념, 홍릉과학출판사, 2003.
2] B. Nicbols 외, Pthread Programming, O'REILLY, 1996.

리눅스 시스템 프로그래밍

초판 인쇄 2014년 2월 10일
초판 발행 2014년 2월 20일

지은이 김정국
발행인 박 철
발행처 한국외국어대학교 출판부
130-791 서울특별시 동대문구 이문로 107
전화 02)2173-2495~7
팩스 02)2173-3363
홈페이지 http://press.hufs.ac.kr
전자우편 press@hufs.ac.kr
출판등록 제6-6호(1969. 4. 30)
디자인 · 편집 디자인퍼브 02)2254-4308
인쇄 · 제본 네오프린텍(주) 02)718-3111

ISBN 978-89-7464-901-2 13560 정가 15,000원

*잘못된 책은 교환하여 드립니다.

HU:iNE은 한국외국어대학교출판부의 어학 및 사회과학도서 Sub Brand이다. 한국외대의 영문명인 HUFS, 현명한 국제전문가 양성의(International+Intelligent)의 의미를 담고 있으며, 휴인(携引)의 뜻인 '이끌다, 끌고 나가다'라는 의미처럼 출판계를 이끄는 리더로서, 혁신의 이미지를 담고 있다.